REBELDES

Luz que nunca se apaga

SANDRA CARNEIRO

Por el Espíritu

Bento José

Traducción al Español:
J.Thomas Saldias, MSc.
Trujillo, Perú, Febrero 2024

Título Original en Portugués:
"Rebeldes"
©Sandra Carneiro, 2012

World Spiritist Institute
Houston, Texas, USA
E- mail: contact@worldspiritistinstitute.org

De la Médium

Sandra Carneiro, nacida en mayo de 1963, está casada y vive en la ciudad de Atibaia, SP. A los catorce años, y aun sin conocer los principios espíritas, tuvo su primera experiencia con la psicografía, recibiendo un libro infantil

Posteriormente, después de unos años de dedicarse a los estudios de la Doctrina Espírita, tuvo la oportunidad de iniciar el trabajo de la psicografía a través de la novela "Cenizas del Pasado", dictada por el espíritu Lucius, de quien también recibió las obras Renacer de la Esperanza, Exiliados por Amor y Jornada de los Ángeles. Ya en sociedad con el espíritu Bento José, psicografió las novelas Luz que nunca se va y Luz que consuela a los afligidos.

Participa en las actividades del Centro Espírita Casa Cristã da Prece y del Grupo de Asistencia Casa do Pão – entidad destinada a servir a la comunidad necesitada del barrio Maracanã, en Atibaia –, donde colabora con los hermanos de un ideal evolutivo.

Del Traductor

Jesus Thomas Saldias, MSc., nació en Trujillo, Perú.

Desde los años 80's conoció la doctrina espírita gracias a su estadía en Brasil donde tuvo oportunidad de interactuar a través de médiums con el Dr. Napoleón Rodriguez Laureano, quien se convirtió en su mentor y guía espiritual.

Posteriormente se mudó al Estado de Texas, en los Estados Unidos y se graduó en la carrera de Zootecnia en la Universidad de Texas A&M. Obtuvo también su Maestría en Ciencias de Fauna Silvestre siguiendo sus estudios de Doctorado en la misma universidad.

Terminada su carrera académica, estableció la empresa *Global Specialized Consultants LLC* a través de la cual promovió el Uso Sostenible de Recursos Naturales a través de Latino América y luego fue partícipe de la formación del **World Spiritist Institute**, registrado en el Estado de Texas como una ONG sin fines de lucro con la finalidad de promover la divulgación de la doctrina espírita.

Actualmente se encuentra trabajando desde Peru en la traducción de libros de varios médiums y espíritus del portugués al español, habiendo traducido más de 290 títulos así como conduciendo el programa "La Hora de los Espíritus."

Índice

Prefacio 8
Introducción 10
Capítulo 1 13
   Sergiño 13
Capítulo 2 20
   Pasión arrasadora 20
Capítulo 3 25
   El sueño se hace realidad 25
Capítulo 4 34
   Momento de unión 34
Capítulo 5 42
   Libre albedrío 42
Capítulo 6 53
   Lívia 53
Capítulo 7 62
   Por fin, el nombre 62
Capítulo 8 66
   Final del campeonato 66
Capítulo 9 72
   Ocultando la terquedad 72
Capítulo 10 78
   Advertencia 78
Capítulo 11 86
   Otro aviso 86
Capítulo 12 91

Celebración inconsecuente 91

Capítulo 13 105
Perturbación 105

Capítulo 14 113
Chico Xavier 113

Capítulo 15 119
La ayuda 119

Capítulo 16 125
Difícil despertar 125

Capítulo 17 139
Evangelio en el Hogar 139

Capítulo 18 145
Nuevas lecciones 145

Capítulo 19 152
Una inspiración 152

Capítulo 20 156
Morada luminosa 156

Capítulo 21 161
Una nueva oportunidad 161

Capítulo 22 169
Experimentando 169

Capítulo 23 176
La primera misión 176

Capítulo 24 180
Paulo 180

Capítulo 25 186

    Últimos preparativos 186
Capítulo 26 192
    Pedid y obtendréis, buscad y encontraréis. 192
Extras 195
    El Evangelio en el Hogar 195
    Contacto con el Plano Espiritual durante el Sueño 196
    Inconciencia de la Muerte 196
    La oración 201
    Desencarnar 201
    Periespíritu 202
    Libre Albedrío 202
    Suicidio 203
    Colonias Espirituales 203
    Ascensión del espíritu a Mundos Superiores 204
    Ángeles Guardianes y Espíritus Protectores 205
    Ley de Causa y Efecto (Acción y Reacción) 205

Prefacio

ES CON GRAN SATISFACCIÓN que presentamos este trabajo. Para nosotros es motivo de inmensa alegría ver a nuestro amigo y compañero Bento José desarrollar sus mayores habilidades, plasmadas en este primer libro de la serie Trilogía de la Luz, un proyecto de amor dedicado especialmente a los jóvenes.

Jóvenes que caminan confundidos viendo cómo se desmorona el mundo en el que viven: un mundo aparentemente sin futuro, sin esperanza, que no les anima a buscar la plenitud y la felicidad.

Sin embargo, la esperanza está en Jesús. Amplió nuestra comprensión de la vida y nos trajo la certeza del amor de Dios, fuente inagotable de todo bien. Pero, ¿cómo podemos ver esto en estos tiempos de dolor y angustia? ¿Dónde está Dios? ¿Por qué sufrimos tanto?

¿Qué amor es el que nos permite vivir en un ambiente tan cruel? Son preguntas que, con razón, rondan por la mente de todo aquel que piensa, reflexiona, cuestiona. El joven, que a veces parece rebelde, hace muchas preguntas. Y las respuestas que busca existen.

A través de la Doctrina de la luz que emanó de las prohibiciones espirituales y nos fue transmitida por Allan Kardec, tenemos una comprensión más clara de las enseñanzas de Jesús, de la vida espiritual y de las leyes divinas que gobiernan el Universo, así como nuestra vida.

Este conocimiento nos permite comprender mejor la responsabilidad que tenemos sobre nuestro propio destino, ya que somos el resultado de las decisiones que tomamos, ya sea cuando sufrimos o cuando somos felices. Dios nos ofrece el regalo de la vida todos los días. En cada momento, en cada situación, nos empuja a empezar de nuevo, a progresar, a tener más alegría de vivir; incluso en los momentos dolorosos, su amor nos invita a conocernos mejor y a cambiar en nosotros lo que nos lleva al sufrimiento. El Padre nos ama incondicionalmente y nos perdona incluso cuando nosotros mismos somos incapaces de amarnos y perdonarnos a nosotros mismos. Él sabe que somos imperfectos y que necesitamos su apoyo para creer en nosotros mismos y seguir adelante. Debemos confiar en este amor infinito, que siempre está a nuestro alrededor, porque es la esencia misma del Universo. Dios quiere que todos sus hijos encuentren el camino a la felicidad.

Y quedó envuelto por este sentimiento de amor que Bento José creó el proyecto *Exploradores de la Luz*, que ahora está tomando forma. Y deseando utilizar el conocimiento y experiencia que ha acumulado el servicio de Jesús y su causa de regeneración de la humanidad que nuestro hermano ha venido trabajando en este y otros proyectos de Espiritualidad.

Por ello, esperamos que Dios bendiga esta iniciativa largamente planeada y la haga realidad en luz, paz y reencuentro de las almas con el Maestro Jesús.

Lucius

Marzo, 2012

Introducción

MELANCOLIA Y TRISTEZA aun me inundan el alma cuando veo a tantos jóvenes destrozando sus vidas buscando algo que les importe, llene sus corazones y alivie su ansiedad.

Con toda su vida por delante, llena de posibilidades y al mismo tiempo llena de contratiempos, sienten que hay algo más que la perpetuación de una existencia mediocre, sin propósito, marcada por la violencia y las desigualdades. Los dones de los demás tocan el corazón de los jóvenes que, sin saber explican por qué experimentan tanto sufrimiento, tanta indiferencia, huyen de la realidad que los aplasta y van buscando lo que les produce placer, satisfacción...

Al buscar alegría, a menudo encuentran frustración, tracción y desilusión. Intentando modificar la realidad muchas veces reproducen las peores cosas que ven en sus padres y en la sociedad en general. Huyendo a la lucha renovadora, se alienan y niegan al mundo que bien podrían construir. Por eso sufro cuando veo jóvenes perdidos y desesperados, tristes y atormentados, buscando, sin saber dónde ni cómo, un mundo mejor que quieren creer que puede existir.

La intuición te dice que la vida no puede ser una experiencia sin sentido. Pero, ¿dónde puedes encontrar las respuestas que alivien tus ansiedades? ¿Quién sabe, en una carrera brillante? ¿Quizás con mucho dinero? ¿Quién sabe, actuando en contra de todo lo que aprendieron de sus padres? ¿Quién sabe de sexo desenfrenado y totalmente libre? ¿Quién sabe entre amigos va y un grupo muy animado? ¿Cómo encontrar algo que pueda aliviarlos y dar sentido a la existencia?

Cada vez que me acerco a un joven que lucha contra el dolor, entiendo su dolor y trabajo incansablemente para inspirarlo con la idea que es posible encontrar armonía y paz en la vida. Pero para ello es necesario elevar el pensamiento y la mirada por encima de las apariencias, por encima de lo puramente material; es necesario dejar que el corazón guíe a la mente y permitir que ésta nos lleve por caminos más claros.

Es solo cuestión de creer y aceptar que nueva fe, nuevos conocimientos, puestos en práctica, nos proporcionan nuevas y mejores experiencias.

Y así, de alma en alma, te transmitiré mis experiencias. Doy gracias a Dios por los amigos que hice aquí, porque son los que me dan fuerzas para seguir adelante y seguir luchando para que la vida se renueve y se transforme.

Espero que este proyecto pueda traer un poco de luz de amor y conocimiento a los corazones que desean educarse y comprender más sobre la vida. A través de él compartiremos la verdadera experiencia de muchos jóvenes, familias, padres y madres a lo largo de los caminos de la vida terrenal y también de la vida en el mundo de los espíritus...

Conocí a Bento José tiempo después de iniciar mis tareas. Él, que ya estaba trabajando en la preparación de este proyecto, me entrevistó a mí y a muchos otros jóvenes; Conoció nuestras familias, nuestras luchas y victorias, nuestras propuestas de renovación y servicio, nuestros éxitos y fracasos.

Bento José cambió los nombres de casi todos los involucrados, manteniendo solo los de personajes famosos, para que todos puedan conocerlos aun mejor. De esta manera, fue posible participar de las experiencias de varios jóvenes y sus familias en dirección al crecimiento espiritual sin exponerlos a ellos ni a sus seres queridos.

Que Dios bendiga a todos los que trabajan en la difusión del bien y en la renovación del hombre. Y estemos seguros que la luz nunca se apague.

Sergiño

Capítulo 1

Sergiño

SERGIÑO ENTRÓ A LA CASA como un rayo, cerrando la puerta con fuerza. Su madre, que estaba preparando el almuerzo en la cocina, escuchó cuando llegó ruidoso. Además de dar un fuerte portazo y entrar con toda la energía de sus casi dieciocho años, cantó en voz alta y apasionada una canción del grupo *Paralamas do Sucesso*, una de sus bandas favoritas, utilizando unos auriculares y un disco.

Si había algo que le gustaba mucho a Sergiño era la música. Y siempre tenía un tipo favorito para cada ocasión: le gustaban los animados cuando estaba en las discotecas con su pandilla; en casa, mientras estudiaba, prefería lugares más tranquilos. Al dormir -porque siempre se dormía escuchando música -, generalmente buscaba música suave para arrullar sus sueños. Musicalmente vibró con los sonidos y armonías de las melodías. Y las letras... Le encantaron las letras... ¡Le pareció fascinante que los artistas las tradujeran en palabras, frases y poesía exactamente lo que sentía y no podía expresar! ¡Sin duda la música tenía el poder de enriquecer la vida!

Skank era su banda favorita. Era un gran admirador del grupo y cada vez que actuaba la banda hacía todo lo posible e imposible por ir al show. ¡Realmente le gustó ese sonido! A pesar de su "fanatismo" por Skank, el chico apreciaba todos los estilos de música, siempre que fuera de calidad, bien elaborada y agradara a su exigente oído. Esto incluye reggae, rap, rock, canciones románticas, samba... De todos modos, agradeció todo lo que se hizo bien.

La madre, que siempre estaba corrigiendo las conductas exageradas de su hijo cuando las juzgaba inapropiadas, apareció en la puerta del dormitorio y por millonésima vez - o no sé qué hora era -, preguntó:

- Creo que es más de la milésima vez que te pido que no des un portazo. ¿Cuánto más tendré que pedir para entrar a casa con nosotros?

- Pero, ¿la gente no llama a la puerta?

- Sergiño, no te hagas el gracioso. Sabes muy bien de lo que estoy hablando. ¡El otro día derribaron la puerta, hijo mío! ¡Ten pena de tu padre que trabaja duro para cuidar de todo y de todos!

- Está bien, mamá... No hay necesidad de apelar...

Y abrazando cariñosamente a su madre, Sergiño volvió a desarmar por completo a doña Eugenia. Pero ella, que amaba el cariño de su hijo, intentó ponerse dura:

- ¡No tiene sentido que vengas a abrazarme, Sergiño! Me canso de pedir y nada! ¡Oh Dios! ¿Cuándo te veré cambiar, hijo mío?

Apretando aun más a su madre, Sergiño casi la asfixia...

- ¡No tiene sentido que me abraces así, no! Te seguiré diciendo lo mismo. ¡No es necesario repetirlo más de un millón de veces! Sé cuidadoso. ¡¡Entra tranquilamente a casa!!

- Y etc. etc. etc... Lo sé, mamá... Lo sé....

Sergiño siguió abrazando a su madre con mucha ternura. Finalmente derrotada, doña Eugenia se soltó y regresó a la cocina, murmurando para sí que siempre se dejaba ablandar por los mimos de su hijo.

Cuando doña Eugenia fue dura con Sergiño, él no dijo nada. Se aferró a su cuello con cariño, llenó su rostro de besos, besó sus manos y brazos, cubriéndola de caricias. De esa manera siempre lograba calmar la irritación de su madre.

Sin embargo, doña Eugenia estaba muy preocupada por su hijo. Era un buen chico, tenía un corazón de oro. ¡No! ¡Un corazón que reunió todos los tesoros! Era amable y afectuoso con todos. Pese a ello, tenía un defecto que hacía que su madre perdiera el sueño por las noches: era muy, muy testarudo. Cuando se metía una idea en la cabeza, nada ni nadie se la quitaba.

Ella hizo de todo, intentó por todos los medios hablar con Sergiño; usó todos los argumentos para mostrarle cuándo iba en una dirección que podría dañarlo. ¡No sirvió! No vio a nadie. Solo hacía lo que quería, cuando y como quería.

Debido a esa terquedad, estaba creando muchos problemas. En el colegio donde estudió, por ejemplo, varias veces el director llamó a doña Eugenia para hablar. Y se vio obligada a explicar que corrigió a su hijo, ¡sí! Ella hizo lo mejor que pudo como madre. Pero desde pequeño, Sergiño fue desobediente y testarudo. Hizo lo que le apetecía. Ella y su padre Felipe estaban desconcertados, locos.

Doña Eugenia le explicó todo al director y gracias a largas conversaciones, consiguió algunas orientaciones de él, de los profesores, de los psicólogos del colegio bajo el brazo, para intentar de nuevo cambiar el comportamiento de su hijo. Sabía que Sergiño tendría muchos problemas a lo largo de su vida si no intentaba escuchar más a los demás, especialmente a aquellos que lo querían y querían lo mejor para él. Cada vez que salía de la escuela suspiraba profundamente y pensaba que su hijo mejoraría. A medida que creciera, entendería mejor y luego se corregiría, siendo más flexible y aceptando orientación.

¡Qué nada! En cambio, cada año Sergiño se volvía más testarudo y retraído. Actuaba como si se estuviera riendo, sin escuchar el consejo de nadie. ¡Cuántos problemas tendría si no intentara controlar a ese genio impetuoso! Y siguió haciendo lo que podía para ayudar a su hijo a entender... Pero, ¿qué hacer? Paciencia, pensó. ¡Necesitaba seguir siendo paciente!

Doña Eugenia estaba reflexionando sobre todo esto cuando él entró en la cocina y enseguida se encontraba picando una patata frita:

-¿El almuerzo tardará un poco, mamá? ¡Tengo entrenamiento hoy!

- ¿Hoy? ¿No entrenas solo los martes y jueves?

- Lo era. Ahora decidí entrenar todos los días. El colegio participará en el campeonato inter escolar y todos los equipos están intensificando sus entrenamientos!

- Pero tienes tantas cosas que hacer, amigo mío. Hijo... Necesitas estudiar para el examen de ingreso, ¿verdad?

- Ah, mamá. Yo estudio de noche y presto más atención que las clases... ¡No te preocupes! Sabes que siempre me va bien en la escuela, ¿no? ¡No puedes negar eso!

- Sí, pero...

- ¿Lo ves? ¡No hay nada que decir! Después de todo, siempre he sido un buen estudiante. Aprendo fácil, fácilmente. Y sabes cuánto me gusta el voleibol.

Doña Eugenia no dijo nada. Terminó de preparar el almuerzo y lo sirvió. Prefería que su hijo practicara deportes, que tanto le gustaban, en lugar de perder el tiempo por diversión.

Estaban a punto de empezar a almorzar cuando llegaron Sueli y Fabio, los hermanos menores de Sergiño. Fabio tenía solo nueve años. Era flaco, vivaz y muy curioso. Sus ojitos negros siempre estuvieron atentos. Adoraba a su hermano e imitaba todas sus costumbres, parecía un Sergiño en miniatura. Ya Sueli era una chica tranquila y cerrada. No hablaba mucho, lloraba a menudo y era muy sensible, como todo el mundo dijo; una niña dulce y delicada. Don Felipe adoraba a su hija, que tenía doce años.

Tan pronto como entraron, ambos corrieron hacia la mesa y comenzó el desorden. Doña Eugenia pensó:

- ¡Listo! ¡Se acabó la paz! Pensé que podría almorzar con Sergiño y hablar un poco con él, pero... Así son las familias...

El cuarteto almorzó o charló animadamente. Sergiño fue un héroe para Fabio, que quería ser como su hermano. Con Sueli siempre estaba peleando. No se entendían y todo pronto se convirtió en motivo de discordia y discusión. En el fondo, en el fondo; sin embargo, se querían mucho, porque no se soltaban.

Cuando Sergiño volvió a comentar, en pleno almuerzo, que intensificaría su entrenamiento,

Fabio gritó:

- Yo también quiero, mamá. ¡Quiero entrenar! ¡También me gusta el voleibol y sé jugar!

- ¿Cómo sabes jugar, Fabio? ¿Has jugado alguna vez?

-¡Ya!

- ¿Cuando?

Fabio pensó un momento y luego concluyó:

- ¡Esa vez en la playa fue una de ellas!

- ¡Fabio, dale un respiro, vamos! ¡Ese tiempo en la playa no vale la pena! Solo era una broma. ¡La pelota no era realmente una pelota de voleibol! El voleibol es mucho más difícil que eso. No te importa, no.

- Fabio - intervino la madre al ver a su hijo serio y frunciendo el ceño, sin quitar la vista de su hermano, buscando una respuesta adecuada para devolverle el mensaje.

- Sergiño, ¡ni lo pienses! Ya estás nadando y fue el médico quien te lo recomendó. Cuando seas un poco mayor, entrenas, hijo mío. ¡Espera a que llegue el momento adecuado!

- ¡Quiero entrenar, mamá, como Sergiño!

La madre miró a su hijo mayor y asintió pidiendo ayuda. Sergiño tomó un sorbo de agua y luego habló con firmeza:

- Mira Fabio, solo voy a entrenar porque tenemos el campeonato escolar. Y en un mes es bastante. Por eso voy a entrenar. Estoy casi obligado a hacerlo, ¿sabes? ¿Tú entiendes? Tengo que ayudar a la escuela.

- ¿Tienes un campeonato?

- Charrán.

- ¿En dos meses?

- Es casi...

- ¿Y después? ¿Seguirás entrenando?

Sergiño no podía creer que su hermano intentara alcanzarlo en la curva y, mirando a su madre, dijo sonriendo:

- Si ganamos, participaremos en otro campeonato pedestre. Si perdemos, nos vamos. Todo dependerá del resultado.

Fabio no dijo nada más. Permaneció en silencio hasta que terminó el almuerzo. Sergiño le guiñó un ojo a su madre y le dijo:

- Fabio, ¿cuándo vas a tener una competencia de natación?

- ¿Hay competencia en natación?

- ¡Y por supuesto que sí!

- ¿Y también hay premios?

- Tienes medallas, tonto - dijo Sueli, quien había permanecido en silencio hasta ese momento.

- Quédate callada, Sueli. ¡Estoy hablando con Sergiño!

- Tiene medallas y premios.

- ¡¡¡Hurra!!! Le preguntaré a la maestra cuándo habrá una competencia.

- ¡Y listo, Fabio, ponte en marcha! Tendrás que entrenar.

¡Compite duro!

-¡Hurra! ¡Hurra!

Fabio, que había terminado de almorzar, salió de la mesa exultante. ¡Él también tendría su competencia! Sergiño terminó de almorzar y después de leer un poco regresó a la cocina, donde todavía estaba doña Eugenia.

Estaba hablando con Sueli.

- Bueno, mamá, me voy. ¡Hoy llegaré muy tarde, no te preocupes! Tenemos ensayo de banda.

- Sergiño, tu padre y yo ya hemos hablado varias veces que no queremos que llegues tarde cuando tienes clases temprano al día siguiente. Perjudica tus estudios; te cansas durante la clase y no puedes prestar atención a nada... Te distraes...

- Mamá, basta de sermones por hoy, ¿vale? ¡Dios mío! ¡Déjame vivir mi vida! Me gusta mucho la música, me gustan mis amigos, ¡quiero hacer todo lo que me gusta! ¡Sabes que siempre puedo recuperarme en las materias en las que tengo dificultades una o dos veces! Además, mamá, hay muchas clases aburridas, con profesores que parecen no saber lo que dicen...

- Sergiño...

No dejó que su madre terminara lo que estaba diciendo... Se despidió de sus hermanos, la besó en la mejilla y salió por la puerta de la cocina, bajando rápidamente las escaleras.

- Hasta luego, doña Eugenia, ¡el almuerzo estuvo excelente!

Doña Eugenia volvió a entrar, molesta.

¡Sergiño no tenía remedio!

Capítulo 2

Pasión arrasadora

SERGIÑO LLEGÓ al colegio, fue directo al vestuario y rápidamente se cambió de ropa. Se quitó los jeans y la camiseta, los hizo una bola y los arrojó al armario. Estaba ansioso por entrar a la cancha y entrenar pronto. Después de ponerse su uniforme escolar oficial, cerró su casillero y se fue. Sus amigos ya estaban ahí, practicando algunos saques, algunos cortes. Sergiño se acercó a ellos y los saludó como de costumbre:

- ¿Y qué? ¿Cómo estás Renato? ¿Qué está sucediendo?

- ¡Todo bien! Estamos calentando para empezar a entrenar, Sergiño.

- ¡Fresco! ¿Qué pasa, Marcelo? ¿Todo encima?

- ¡Todo! ¿Cómo fue en casa? ¿Tu madre estuvo de acuerdo con el entrenamiento?

- ¿Y crees que me rendiría? ¡Ya le comuniqué y listo! Ni siquiera le di la oportunidad de decir nada. Incluso lo intentó, pero yo ya estaba listo con todos los argumentos. No hay manera, Marcelo. Cuando queremos algo tenemos que ir allí y lograrlo. No hay forma de marcar un ritmo, ¡no!

- ¡Así es, Sergiño! Y eso es.

- ¿Qué tal hermano, cómo estás?

- Está bien, Tiago. ¡Estoy loco por que ganemos esta competencia!

- ¡Ni lo digas, Sergiño! realmente no quiero ganar esta parada!

- ¡Esta no la vamos a aceptar, créeme!

- Y así es, Marcelo. Firmeza. ¡Sé que todo estará bien!

Después de unos minutos más de calentamiento, comenzó el entrenamiento, el profesor de educación física y entrenador del equipo se mostró enérgico y exigió el máximo rendimiento a los jóvenes. Eran chicos sanos y el profesor los había estado preparando física, técnica y psicológicamente para ganar. De hecho, a Dirceu le apasionaban los deportes. Cuando era joven entrenó para incorporarse a la selección brasileña de voleibol, pero debido a repetidos problemas con lesiones en la rodilla, terminó abandonando su carrera, sin perder nunca la pasión por el deporte. Su sueño era descubrir jugadores con potencial y desarrollar sus talentos, dirigiéndolos al fútbol profesional. Ya había tenido éxitos y algunos de sus mejores alumnos se entrenaban en clubes, preparándose para jugar profesionalmente. Porque conocen bien la historia.

A pesar de Dirceu, los alumnos lo respetaban mucho. Quizás era el profesor más respetado entre los chicos de la escuela, al menos entre los amantes de los deportes.

El entrenamiento estaba a punto de comenzar cuando Sergiño de repente se impacientó. Miró de un lado a otro buscando a alguien... Empezaron a entrenar y no podía concentrarse. Perdió algunos saques y le dio puntos al equipo contrario. Recibió una enorme reprimenda por parte del profesor y del entrenador:

- ¡Así no se puede, Sergiño! ¡Mas atención! ¡Presta más atención, muchacho! ¿Quieres jugar o no? ¡Concentración!

Sus amigos, con miradas indignadas, le hicieron suspirar profundamente y tratar de centrar toda su atención en el balón. Sin embargo, cuando abrió los ojos, vio a Paula entrando al tribunal. ¡Por fin había llegado! Sus miradas se encontraron, Paula sonrió y Sergiño volvió a sentirse completamente seguro. A partir de ahí fue sumando puntos y más puntos para el equipo. ¡Fue increíble! Cuando estaba en la red saltaba como si tuviera resortes en los pies y sus cortes eran increíblemente precisos. Normalmente, su actuación fue fantástica y fue uno de los jugadores más admirados del equipo.

Paula estaba muy orgullosa de Sergiño. Después de todo, no lo elegiría si no fuera un ganador. Ella y otras chicas asistían a entrenamientos con frecuencia. A Paula le encantaba ver entrenar con amigas, para que todos vieran lo especial que era su novio, realmente envidioso...

El entrenamiento continuó hasta casi el final de la tarde. Además del juego en sí, practicaron saques, cortes y diferentes movimientos. Dirceu sabía todo sobre este deporte y se tomaba muy en serio el entrenamiento. Al final, elogió la actuación de Sergiño, algo inusual, ya que Dirceu siempre escatimó elogios:

- Muy bien, Sergiño. Al principio estaba un poco preocupado y pensé que hoy no estabas en condiciones de jugar; pero después que se calentó, bailaste. ¡Muy lindo! ¡Felicidades!

- ¡Qué bueno, Dirceu! ¡Cuesta!

Sergiño se acercó a su novia, que lo miraba con satisfacción:

- ¡Genial, Sergiño! ¡Lo hiciste muy bien! Dirceu, al que es difícil elogiar a alguien, se dejó atrapar por tu juego.

Tiago pasó junto a ellos interrumpiendo la conversación:

- Sergiño, ¿la noche en casa de Renato?

- ¡Definitivamente, hombre! ¿Ocho está bien?

- ¡Son 6 geniales! ¡Chau! ¡Adiós, Paula!

- Nos vemos en la noche, Tiago.

- ¡Fresco!

Los amigos se despidieron y Sergiño siguió con Paula. La llevó al auto y se despidieron.

- Te veré en la noche en casa de Renato.
- ¿No vas a recogerme?
- No funcionará, Paula. Mi padre no me prestó el coche.
- ¿Y tu madre?
- Yo tampoco quería prestárselo. Quieren que yo obtenga la licencia primero, ya te lo dije. No quieren que conduzca sin licencia porque sí.
- ¡Qué aburrido, eh, tener que cargar para dar un paseo! ¡Al fin y al cabo, en dos meses ya habrás completado dieciocho años!
- Y... lo sé, Paula, es muy aburrido, pero... estaré esperando un poco más...
- Creo que a veces eres muy lento, Sergiño. No creo que tenga tanta personalidad en algunos momentos y en otros te dejas dominar de esa manera por tus padres...
- Solo faltan dos meses... Luego podré coger el coche cuando quiera.
- ¿Realmente podrás hacerlo? ¿O vas a inventar historias? ¿Tu padre te dará un coche?
- Espera un momento, Paula, ya hablamos de esto... Mi padre está trabajando duro. El negocio es difícil. Ya te dije esto...
- Lo sé, Sergiño, lo sé, pero creo que es muy molesto estar sin coche. Me resulta desagradable tener que ir a buscarte a menudo en mi auto y luego tener que dar un paseo... No sé, es un poco malo... No eres ni un poco infantil, ¿sabes?
- ¿Infantil?
- Sí, infantil. Parece que necesitas a los demás...
- No es nada de eso, Paula. En cuanto cumpla dieciocho años tendré más autonomía. Sé conducir y el día de mi cumpleaños tendré mi licencia de conducir en mis manos.
- Solo que la licencia no sirve de nada si no tienes tu coche. ¿Por qué no te compras una moto? ¿No tienes ese dinero ahorrado? ¿Ese dinero que has estado ahorrando?

- Sí... Pero no creo que la bicicleta esté bien ahora. Espera un poco más y cogeré el coche.

- Solo quiero ver, Sergiño... Dudo que tus padres te suelten el auto... Bueno, me voy. Paso por tu casa esta noche.

- No es necesario, Paula. Ya estuve de acuerdo con Marcelo. Me recoge y nos encontramos en casa de Renato.

- Está bien. Hasta luego.

Paula subió al coche y cerró la puerta de mala gana. Puso en marcha el coche y salió rápidamente, sin mirar a Sergiño, que vio desaparecer a su novia por la esquina.

"¡Qué hermosa es!", pensó. Sergiño amaba a Paula. Era una de las chicas más buscadas del colegio. Un año mayor que él, sabía exactamente lo que quería. Llevaban poco más de cuatro meses saliendo y ella era un verdadero huracán, una revolución en su vida. Sin embargo, Sergiño se sintió presionado. Pensó en comprarse una moto, pero lo dudó. Paula ya se lo había sugerido un par de veces, pero él prefirió esperar el auto; sobre todo porque sus padres estaban completamente en contra del uso de motocicletas.

Regresó a casa exhausto. No le gustaba discutir con Paula. Se sentía fascinado por ella, y siempre que pintaba un clima así se mostraban un tanto distantes; Odiaba cuando eso sucedía. Sin darse cuenta, Sergiño siguió reflexionando. Quizás Paula tenía razón, quizás sería mejor resolver esto de una vez. La motocicleta sería sin duda una solución, hasta que pudiera comprarse su propio coche. Al mismo tiempo, no estaba completamente convencido que fuera la mejor manera y se dirigió a casa pensativo.

Capítulo 3

El sueño se hace realidad

SERGIÑO HABÍA TERMINADO de tragar un sándwich preparado por doña Eugenia, cuando Marcelo se detuvo y empezó a tocar la bocina, llamando a su amigo.

- Es Marcelo, tengo que irme.

- No llegues demasiado tarde, Sergiño. Mañana te levantas temprano y necesitas descansar.

- Lo sé, mamá. ¡Maldición! Sé cuidarme. ¡Oh Dios!

Sergiño bajó rápidamente las escaleras, saltando escalones de dos en dos. Al despedirse de su madre, se subió al auto de su amigo que lo esperaba ansioso.

- ¿Y ahí? ¿Todo bien?

- ¡Todo cierto!

- ¿Conseguiste las canciones para que ensayemos hoy? - Preguntó Marcelo.

- ¿Y no lo crees? Están todas aquí.

- ¡Bien! ¿Las conseguiste todas?

- Todas, y todavía estoy tomando algunas otros para que podemos analizar si queremos incluirlas en el repertorio.

- ¡Y eso es! ¡Me siento fuerte! ¡Así que disfruto ensayando! ¡Empieza a parecer serio!

- Y hay que hablar en serio, ¿no, Marcelo? Después de todo, ¡todos tenemos talento! ¡Ya hemos probado esto! Hay tanta gente mala que se lleva bien... ¿Por qué nosotros, los huérfanos, no podemos triunfar? ¡Cuántos han empezado así, de broma, en el patio o en el garaje, y al final están ahí fuera, teniendo un gran éxito!

- Puedes creerlo, Sergiño. Tenemos el talento, que es fundamental, tenemos un grupo unido y tenemos muchas ganas de triunfar. Así que creo que deberíamos seguir adelante y seguir ensayando. ¡Un minuto, es nuestro turno!

- ¿Tus padres piensan que la idea de la banda es genial?

- No tienen mucha fe, Sergiño. Ya sabes cómo son padre y madre, ¿verdad? Siempre preocupados por algo, siempre ansiosos por nuestro futuro, no sé... ¡Siempre estresados!

- Y mis padres también son así. ¡Siempre están preocupados! ¿Por qué sería así, verdad? No entiendo. ¡La vida es tan corta! ¡Tenemos mucho que hacer y ellos se preocupan por todo, todo el tiempo!¿ Será que no están poniendo fe en nosotros? ¿Es eso?

- Más o menos. Piensan que es genial, pero es simplemente divertido. Creo que realmente piensan que no saldrá nada de esto.

- ¡Bueno hombre! ¡No estés triste! Vamos a mostrarles, ya verás. ¡Tendrán que admitir que somos realmente buenos!

- ¡Fresco! ¿Eso es!

Los dos amigos continuaron hablando emocionados. Estaban haciendo planes para los próximos ensayos, para el futuro de la banda, para la actuación debut. Soñaron y planearon lo que harían si todo saliera como querían. Fue entonces que Marcelo tuvo una idea:

- Sergiño, estoy pensando en algo aquí. ¿Qué pasaría si hiciéramos una presentación para que todos pudieran ver que no estamos bromeando?

-¿Dónde, Marcelo? ¡Todavía no hemos encontrado un buen lugar para tocar!

- Y, lo sé... ¿Y si disfrutáramos de una cita especial, una fiesta, para presentar la banda a todos?

- ¿Cómo? No tenemos dinero, Marcelo.

- Lo sé. Pero ¿y si nos organizamos para celebrar tu cumpleaños? Es en dos meses, ¿no?

- Sí. En dos meses.

- La tía Eugenia querrá hacer algo, ¿no?

- Ella ya está organizando todo con mi padre y acordamos tener una celebración realmente genial en mi decimoctavo cumpleaños.

- ¡Entonces es perfecto! Podemos disfrutar de tu aniversario. ¡Bien, Sergiño, y lanzamos oficialmente nuestra banda! Es, un objetivo claro. Nos entrenamos para seleccionar la música, pensando en la gente que estará allí, ¡preparamos todo! Me parece genial que ensayemos con un objetivo definido, ¿me entiendes?

- Entonces encontramos una manera de tomar algunas piezas. ¡Parece que podrías ayudar a la banda a conseguir un lugar para tocar!

- ¡Todo! ¡Incluso podemos preparar una demostración! ¿Qué opinas?

- ¡Gran idea! ¡De esta manera podremos estar más preparados para todas las puertas que se abrirán!

- ¡Y eso es!

Sergiño y Marcelo siguieron soñando con el futuro prometedor que les esperaba. Encontró al resto de la clase en casa de Renato y les contaron la idea de Marcelo a sus amigos, quienes inmediatamente aceptaron:

- Eso es lo que necesitábamos – dijo Paula, contenta -, tienen el objetivo claro. Así que va a hacernos más fácil concentrarnos, dedicarnos.

- Yo también creo que es genial. ¡Preparémonos de verdad!

- ¡Y realmente me estoy emocionando! Estoy contigo, ¡empiezo a pensar que esta parada será un éxito!

- ¿Y tuviste alguna duda, Tiago?

- Bueno, hombre, pensé que iba a ser simplemente divertido... ¡No tenía fe en que íbamos a hacer esto de verdad!

- Amigo, estás bromeando, ¿verdad? ¡Yo siempre quise hacer esto de verdad!

- Lo sé, Paulita, lo sé. ¡Sé que siempre quisiste cantar de verdad!

- ¡Entonces! ¡Tenemos que pensar lo mismo, hombre! Hay que cambiar más y todos tienen que pensar lo mismo. De lo contrario, no funcionará, ¡no!

- Es eso mismo. ¡Estoy de acuerdo con Paula! – Dijo Sergiño, enérgico.

- ¡Oh! Siempre estás de acuerdo con ella... - Renato interrumpió, furioso:

- No, Tiago, espera un momento, yo también estoy de acuerdo con Paulita. Si no tenemos la misma mente, pensando en grupo, será más difícil. Sé que parece un sueño, pero todo en la vida nace de un sueño, de una idea. No podemos ignorar las ideas, ¡no! Al contrario, hombre. Creo que hay más y hay que apostar por ellas, dando fuerzas y luchando para que se hagan realidad.

Sergiño estuvo de acuerdo emocionado, porque quería que su banda fuera un éxito:

- ¡Y así es, Renato! ¡Estoy contigo! ¡No estoy en eso de broma! ¡Estoy muy seguro que eso es seguro! ¡Que seamos una banda verdaderamente exitosa!

- ¡A mí también me gusta! - confirmó Marcelo, casi hablando junto con Sergiño y Paula, que besó a su novio, satisfecha.

Paula era la cantante principal del grupo. De hecho, la idea de tener la banda fuera de ella, a quien le encantaba cantar y soñaba con vivir profesionalmente desde pequeña de la música y, sobre todo, tener éxito, mucho éxito. A los ocho años empezó a estudiar viola. Tenía gran soltura con la música y además tenía buena voz, educada y agradable. No fue difícil reunir amigos en torno a la idea de la banda, e incluso ayudar con la compra de los instrumentos que faltaban.

Sergiño ya había comprado la batería, que instaló en su garaje. De vez en cuando tocaba, pero casi siempre solo. Cuando Renato compró la guitarra nueva y se lo contó a sus amigos, el sueño empezó a tomar forma. Paula se volvió loca tan pronto como se enteró y de inmediato sugirió formar un grupo para tocar juntos.

- Bueno, ahora que tenemos nuestro debut programado, necesitamos encontrar un nombre para nuestra banda. ¡Esto es fundamental!

- Tienes razón, Paula - asintió Renato - esto es fundamental. Mientras estuvimos aquí, no lo extrañamos tanto; ahora vamos a dar la cara al mundo y tenemos que aparecer con un nombre.

- ¡Y tiene que ser como nosotros! - Dijo Sergiño solemnemente.

- Por supuesto, Sergiño. Tiene que ser nuestra cara.

- Danos una o dos semanas para pensar. A ver si se nos ocurre una buena idea para el nombre de la banda.

- ¡Sí! ¡Y no perdamos más tiempo, chicos! ¡A ensayar, tenemos mucho trabajo por delante!

- ¡Y eso es! ¡Aquí vamos! - Coincidieron casi a coro.

Esa noche ensayaron intensamente, hasta muy tarde, ya que más que nunca tenían un objetivo claro y el sueño estaba a punto de hacerse realidad.

Al final del ensayo se sintieron extremadamente cansados. Tocaron algunas canciones varias veces. Todos estaban más tensos y más exigentes consigo mismos; el ensayo dejó de ser divertido y tomó un aire de seriedad.

Sergiño, también muy cansado, esperó a que Paula lo llevara, pues Marcelo quería ir directo a su casa, que estaba cerca de la de Renato.

- Sergiño, no creo que pueda llevarte. Estoy muy cansada, hombre. ¿Te importa?

- No, Marcelo, no hay problema, no. ¡Puedes dejarme manejar!

- ¡Es demasiado tarde para que vayas a conducir!

- ¡Paulita me lleva!

Paula, que guardaba atentamente la guitarra, escuchó la conversación y permaneció en silencio.

- ¿Me llevarás, verdad, Paulita?

Paula levantó la cabeza, miró a su novio y no respondió. Continuó guardando su guitarra. Sergiño terminó de arreglar la batería, cubriendo todos los instrumentos; entonces, tomando su material y mirando a su novia, habló en un tono, una voz un poco más baja, para que los amigos no escucharan:

- ¿Me vas a dejar colgado, Paula?

- ¡Debería, Sergiño! Estoy súper cansada y hoy me dijiste que te las podías arreglar, que no necesitabas el auto de tus padres. ¡Estoy cansada de decir que necesitas ser más independiente! La moto sería una solución, ¡pero eres testarudo!

- Vaya, Paula, ¿cuánto te costaría llevarme? ¡Parece que eres demasiado vaga para hacerme un favor!

- ¡Tú eres el que no entendió, Sergio! ¡Estoy muy cansada, mañana tendré que levantarme temprano!

- ¡Yo también!

- ¡Entonces date la vuelta y resuelve tu problema!

Los estrados fueron alzando la voz y los amigos pronto se dieron cuenta del motivo de la discusión. Renato intervino en nombre de su amigo:

- Puedes dejarme llevarte, Sergiño. Voy a buscar las llaves del auto de mi papá.

- No, Renato, no tiene sentido que te vayas. ¡A casa con este semental para que me lleve!

- No hay problema, Sergiño. ¡Te llevaré en poco tiempo y volveré!

- ¡No, hombre! ¡Es realmente molesto! ¡Polvo! ¡Tienes que salir de aquí y vete al otro lado de la ciudad, mientras Paula pasará de largo!

- Estoy muy cansado, Sergiño. ¡Vivimos lejos, también te tengo que llevar al otro lado de la ciudad y luego volver otra vez! ¡Y soy mujer, maldita sea! Realmente no te importo, ¿verdad?

Sergiño dejó irritada a Paula. Quería decirle algo lindo. ¡Egoísta, sí, y que ella era linda! ¡Una niña mimada y egoísta! ¿Dónde lo has visto? ¡Hacer que su amigo saliera de casa solo para llevárselo, si ella, su novia, pudiera hacer eso! ¡Paula era realmente muy traviesa!

No le importó la mirada irritada que le dio su novio. Cuando terminó de guardar la guitarra, tomó su bolso, miró dentro y encontró la llave del auto. Le dio tres besos a todos sus amigos, excepto a su novio. Se despidió de Sergiño con un saludo formal y distante. Le dio la espalda y se fue.

Tenía muchas ganas que Sergiño pasara por ese malestar, quería que se avergonzara para ver si finalmente solucionaba el problema.

Sergiño vio salir a su novia, sin decir nada. Estaba realmente harto de ella. No quiso pelear delante de sus amigos y dejó ir a Paula. Pronto Renato tuvo las llaves del auto de su padre y en pocos minutos se dirigían hacia la casa de Sergiño.

- Bueno, Renato, lo siento, estuvo mal sacarte de casa.

- No hay problema, Sergiño. Es muy tarde, para que camines solo.

- ¡Pero es aburrido, hombre! ¿Cuánto le costaría a Pauli llevarme?

- Quizás estaba muy cansada, Sergiño. ¡No lo sé! Quizás sea un problema de mujer...

- Qué lástima, eso es lo que es... Qué lástima para una niña mimada. Ella quiere que me lleve el auto de mi papá o el auto de mi mamá de todos modos. ¡No acepta que espero solo unos meses más!

- Todo conectó que ella te exige esto. Tus padres no te dejarán, ¿verdad, Sergiño?

- Vaya, ¿voy a estar peleando con ellos todo el tiempo?

- Pero es realmente malo no poder ir a donde quieres, cuando quieres, ¿no? Lo sé porque peleé mucho antes de obtener mi licencia de conducir. Mis padres terminaron dejándome conducir. Monté la choza más grande.

- ¿Crees que Paula tiene razón, Renato? - Preguntó Sergiño, inseguro.

- No lo sé amigo. ¡Solo sé que tener independencia fue lo mejor que me pasó! ¡Pedir permiso para conducir, ir a lugares cuando quiero es muy bueno!

Cuando Renato lo dejó en la puerta de su casa, Sergiño sintió claramente que su amigo, en cierto modo, estaba de acuerdo con Paula. Renato lo había traído solo por amabilidad, pero le molestaba que siempre dependiera de una persona u otra. Sintió que, por su amigo, que él tuviera que ponerse a conducir también era malo.

Mientras subía las escaleras de su casa, que conducían a la puerta principal, se sintió como un idiota, dependiente de todos. Se sentía infantil y ridículo. Pensó que quizá Paula tuviera razón después de todo. Debería ser independiente lo antes posible. Estaba empezando a sentirse mal y no quería que sus amigos pensaran que era un tonto asustado. ¡Eran sus amigos más cercanos y no podía soportar que pensaran que era débil o infantil! Quizás debería comprarse la moto; ¡Si la comprara todo se solucionaría! Tendría su movilidad e iría a donde quisiera, cuando quisiera, ¡sin depender de nadie! Sería libre. Y no tendría que satisfacer a los padres, al paso que esperando a que me soltaran el coche siempre tendría que dar explicaciones y no podría utilizarlo en absoluto.

Paula tenía razón: él no hacía lo que quisiera, cuando quisiera... Y no tenía dinero para comprarse un coche... ¡Además, sus amigos pensarían que sería fantástico que tuviera una moto!

Sergiño entró y encontró a su madre mirando televisión en el salón.

- ¡Vaya, hijo mío! ¿Por qué llegaste tan tarde?
- Tuvimos que alargar un poco más el ensayo, mamá.
- ¡Pero, Sergiño, es peligroso quedarse despierto hasta tarde! Y mañana te levantas temprano. ¡Al menos podría haber avisado, haberme llamado!
- Ya sabes, como es y, mamá: solo una canción más, solo una vez más, y las cosas siguieron sin que nos diéramos cuenta. ¡Todos cansado como el infierno!
- Entonces ve a descansar, hijo mío. Vete a la cama pronto.

La madre apagó la televisión y se fue a la cama también.

Sergiño se durmió con ese pensamiento fijo y a la mañana siguiente ya lo tenía decidido definitivamente.

Capítulo 4

Momento de unión

SERGIÑO SE DESPERTÓ TARDE y apareció en la cocina, tambaleándose por el sueño. Doña Eugenia ya estaba a todo vapor preparando el desayuno. Se acercó a su madre y la besó cariñosamente.

- Buenos días mama.

- Buenos días, hijo mío.

- Estoy atrasado.

- Pero hay tiempo para tomar tu café. Todo ya está listo. Siéntate.

El señor Felipe, ya vestido y casi listo para salir, entró a la cocina.

- Buenos días, Sergiño.

- Hola papá.

Siguió un silencio prolongado. Doña Eugenia quiso llamar la atención de su hijo por llegar tan tarde. ¡Sabía que ese año era muy importante para su futuro, ya que estaba a punto de elegir su profesión! Y la profesión de las personas es algo esencial, que defiende todo un futuro. Doña Eugenia lo tenía muy claro y Felipe también, pero ¿cómo hacerle entender a su hijo? Fue Sergiño quien rompió el silencio:

- ¡Caramba! ¡Que silencio! ¿Está todo bien aquí?

- ¿Qué opinas, Sergiño?

- No lo sé, papá. ¡Qué silencio más molesto!

- Ya conoces nuestra opinión respecto a estos ensayos tan tardíos. Puedes ensayar, tener tu banda, está bien, hijo mío. Entendemos. Pero necesitas aprender a comprender tus límites y mantener todo en equilibrio.

- Todo está bien, Felipe. ¡Qué cosa! Te preocupas demasiado. ¡Demasiado! No hay razón para eso, no.

- Lo sé, Sergiño, lo sé. Eres tú quien lo sabe todo, ¿no?

- Bueno, papá, ¡eso no es todo! Pero todo está bajo control. Está todo cierto. ¡Yo estoy feliz! ¿No es eso lo más importante? Realmente estoy disfrutando de la banda y los ensayos. ¡Y más ahora que tuvimos la brillante idea de abrir oficialmente la banda el día de mi cumpleaños!

Doña Eugenia se emocionó:

- Es una buena idea, hijo mío. Estoy pensando hacerlo en esa sala, Felipe, en la que nos encontramos el otro día.

- Podría ser. El lugar es buenos y el precio es razonable.

- ¿Dónde queda? - Preguntó Sergiño emocionado.

- Cerca de tu escuela. Es una sala especial para eventos que se inauguraron hace unos tres meses. Es realmente muy bonita.

- Fresco. Para mí es excelente. Si puedes instalar la banda... ¿Puedes construir un escenario?

- Ya hay un escenario en el salón, así que creo que el lugar será genial para que presentes a la banda...

- ¡Excelente! Le diré a la gente que ya hemos decidido el lugar. ¡Será fantástico!

- Sí, hijo, todo es perfecto; solo te insto a que no vuelvas a casa tan tarde. Tienes que aprender a equilibrar todo en la vida. Y además, es peligroso permanecer inactivo y conducir hasta altas horas de la noche.

- Vine con Renato. Me trajo. Pero lo resolveré pronto. Quiero tener mi independencia y ya sé cómo solucionar este problema. No tienes que preocuparte, ya no voy a depender del transporte de nadie, ni voy a necesitar a nadie en conducción nocturna.

- Y... Pronto obtendrás tu licencia y podrás utilizar el coche; Aun así tendremos que organizarnos...

Levantándose de la mesa, Sergiño besó a su madre y dijo:

- No te preocupes, mamá. No necesitaré tu carro. Realmente quiero ser dueño de mi nariz. Lo solucionaré de otra manera.

-¿Cómo?

Sergiño no le dio tiempo a su madre para decir nada más. Entró en la habitación y en unos minutos, estaba listo para partir.

- Sergiño - insistió doña Eugenia -, ¿de qué estás hablando?

- Hablaremos más tarde, mamá. Estoy atrasado.

- Solo dime, hijo mío: ¿cómo piensas solucionar tu problema de transporte? - Insistió doña Eugenia, preocupada, porque tenía mucho miedo que su hijo decidiera comprarse una moto.

- Voy a comprarme una moto - respondió Sergio, cerrando rápidamente la puerta de entrada detrás de él, bajando las escaleras de la casa y desapareciendo por la esquina.

No hubo tiempo para que nadie respondiera. Doña Eugenia volvió desconsolada a la cocina.

- ¡Ay Dios mío! ¡Eso es lo que me temía, Felipe!

- No te preocupes, Eugenia.

- ¿Cómo no voy a preocuparme, Felipe? ¿Cómo? ¿Conoces los peligros a los que se enfrentan los jóvenes conduciendo estas motos sin ninguna responsabilidad?

- No se va a comprar ninguna moto, Eugenia.

- Pero ya lo escuchaste. ¡Dijo que va y ya sabes cómo es este chico cuando se le mete algo en la cabeza! ¡Tenaz! ¡Demasiado terco!

- ¡No se va a comprar ninguna moto! ¡Oh, realmente no lo hará! No mientras viva en esta casa. ¡No lo quiero y no lo autorizaré!

La noche transcurrió de forma especial. Doña Eugenia, que entró pesada e inquieta, se sintió cada vez más ligera al escuchar la lectura del Evangelio de la tarde, que casualmente hablaba de la familia, esos fuertes lazos que nos unen mucho antes de venir a la Tierra. La lección destacó la importancia de llevar a cabo el Evangelio en el Hogar, como forma de establecer momentos de mayor intercambio y comprensión entre las personas de una familia, cultivando el amor y la tolerancia, animando a las personas a apoyarse mutuamente, transmitiendo fuerza y consuelo en situaciones difíciles.

Doña Eugenia, que estudiaba el Evangelio casi siempre sola en casa, salió esa noche sintiendo haber recibido una guía clara capaz de ayudarla. ¡Eso fue todo! Ella insistiría para que su familia pueda participar del Evangelio en el Hogar, y así, juntos, puedan hablar de sus problemas. Sería un momento en el que, además de estudiar las enseñanzas de Jesús y orar juntos, podrían discutir sus experiencias y la vida personal de cada uno. Doña Eugenia se sintió más aliviada al imaginar la ayuda que el Evangelio en el Hogar podría significar para todos.

Cuando llegó a casa, sus hijos ya están en casa. Estaban allá. Respiró más aliviada y se preguntó cómo tuvo esta idea. Y por supuesto el Evangelio.

Sería un momento perfecto para estar más cerca de mis hijos, participando de sus vidas y pudiendo compartir con todos lo que sentía y pensaba. ¡Sabía que en esos minutos de reflexión y oración podrían recibir ayuda! Ahora necesitaba saber cómo organizar las cosas de una manera que involucrara a la familia. Y entonces pensó que debía elegir un día y hora en que todos pudieran participar: los lunes por la noche todos estaban disponibles; Sergiño no tuvo ensayo ni ningún otro compromiso. Era jueves y habría unos días para que todos se organizaran.

El próximo lunes por la noche el Evangelio en el Hogar, junto a la familia.

Empezó esa misma noche, hablando con su marido:

- Felipe, he estado pensando mucho en Sergiño y nuestros otros hijos. Las familias solas se enfrentan a muchas dificultades, ¿no estás de acuerdo?

- Sin duda, Eugenia. Siento que las familias cada vez son más vulnerables, más frágiles, no sé...

- Creo entender. Y es cada vez más difícil comunicarnos con nuestros hijos lo que sabemos que es importante para ellos. Ya no es posible imponer sin hablar, y hablar también se ha vuelto difícil.

- Estoy de acuerdo contigo. Pero, ¿qué hacer?

- Tuve una idea. Sabes que ya desde hace algún tiempo estoy estudiando el Evangelio aquí en casa, con un día y una hora determinados, y esto me ha hecho mucho bien. Me gustaría extender este estudio a todos; quiero decir, me gustaría que estudiáramos el Evangelio juntos.

- Pero, ¿qué tiene esto que ver con cuestiones familiares, Eugenia? ¡Ésta es una cuestión religiosa!

- No, Felipe. Este puede ser un momento precioso para orar juntos, estudiar las enseñanzas de Jesús, y tenemos la oportunidad de hablar y discutir los problemas de todos! ¿Tu no ves? ¡Es perfecto!

- Sé que quieres lo mejor para todos nosotros y realmente aprecio tus esfuerzos, pero conoces mi punto de vista. ¡No quiero obligar a mis hijos a tener religión!

- No se trata de tener religión, Felipe. ¡Se trata de abrir tiempo en nuestras vidas para buscar juntos a Dios y, bajo su guía, el amor y la unidad!

- Puedes hacer lo que quieras, Eugenia, no voy a detenerte, pero no me gustaría participar. Me sentiría obligado y no quiero hacer nada obligado.

Eugenia bajó la cabeza con tristeza y no dijo nada más. Ambos permanecieron en silencio. Al notar la frustración de su esposa, Felipe consideró que no habría ningún daño, y finalmente le dijo:

- Mira Eugenia, aun sin participar solo puedo apoyarte. Empieza por los niños. Quién sabe, me animo y participo también.

- ¿En serio, Felipe?

- ¡Claro que sí! Empiezas esto... ¿cómo se llama?

- Evangelio en el Hogar.

- Eso. Empieza a hacer el Evangelio en el Hogar con ellos. Inténtalo con cuidado, no fuerces nada. Todos nos respetaremos, guardando silencio en la casa.

- Eso es importante.

- Entonces. Te apoyo en tu empeño. ¿Qué opinas?

Eugenia sonrió, abrazó a su marido y dijo pensando en voz alta:

- ¡Perfecto! Hablaré con ellos mañana. Estoy planeando para el lunes. ¿Qué opinas?

- Creo que es genial.

- Entonces está decidido. Lunes. Gracias por tu apoyo Felipe.

Eugenia no perdió el tiempo y al día siguiente, durante el almuerzo, informó a sus tres hijos de la nueva actividad que se realizaría en casa.

-Ah, mamá. ¡Qué cosa más aburrida!

- ¡Va a ser genial para todos, Sergiño!

- ¿Seguir orando, mamá? ¿Crees que esto es bueno? Yo no creo. ¡Y es algo muy íntimo! ¡Todos tienen que hacerlo por sí mismos!

- Estoy de acuerdo, hijo mío, sin duda, lo que no impide que también hagamos esto juntos. ¡Será muy bueno para todos nosotros!

Doña Eugenia fue tan vehemente y enfática que Sergiño no dijo nada más. Informó a todos la fecha y hora, para que nadie llegara tarde. A partir del próximo lunes se reunirían semanalmente para orar, estudiar y conversar. ¡Eugenia se sintió feliz! Tenía una gran esperanza que esos momentos ayudarían a mantener a su familia unida y fuerte frente a los desafíos de la vida.

El fin de semana pasó rápido y pronto llegó el lunes. Se acercaba la hora y doña Eugenia se inquietaba. Sergiño no se presentó y no llegó hasta la hora acordada. A pesar de esto, ella estaba decidida.

- Empecemos. Fabio, Sueli, vengan a la habitación.

- ¿Y Sergiño y papá?

- Tu padre tiene muchos compromisos, hijo mío. Puede que le resulte difícil participar. Tu hermano, sí, debería estar aquí. Pero eso no importa, empecemos sin él.

- Yo tampoco quiero, mamá...

- Fabio, hijo mío, antes que estemos en contra de algo que no sabemos, y que nos dicen que puede ser muy bueno, necesitamos saberlo.

- Sí...

- Entonces, hijo mío. Comencemos hoy algo muy bueno para todos nosotros. Ya lo verás, me lo agradecerás más tarde.

- Creo que así será, mamá. Me parece muy buena la idea de orar juntos.

- Estoy segura que será muy lindo, Sueli.

Doña Eugenia, Sueli y Fabio hicieron juntos el Evangelio en el Hogar por primera vez y fue una experiencia agradable para todos. Al final, Sueli afirmó:

- Vaya, pensé que era genial, mamá. ¡Sentí un calor diferente aquí en mi pecho!

- Y tú, Fabio, ¿qué te pareció?

- Y... ¡Estuvo genial! Me gustó.

Doña Eugenia se sintió satisfecha: se había dado el primer paso.

Capítulo 5

Libre albedrío

ENTRE EL ENTRENAMIENTO para el campeonato de voleibol y la música pasó el tiempo. Se intensificaron los preparativos para el cumpleaños de Sergiño y la presentación de la banda.

- Estoy agotado, mamá.

- Ya veo, hijo mío, ya veo. ¿Cómo van las clases?

- Está todo cierto. Las calificaciones son razonables.

- ¿Crees que aprobarás el examen de ingreso con notas razonables, Sergiño?

- No lo sé, mamá. ¡Tengo que pasar!

- Siempre piensas que todo sucederá como tú quieres, ¿no, hijo mío?

- Claro mamá ¿Y cómo sería?

- Sergiño, ya no eres un niño. Las cosas no siempre son como queremos. ¡Necesitamos aprender a entender la vida, para que las cosas sucedan!

- Mamá, voy a llegar a donde sueño, ¡puedes estar segura!

- Por supuesto que lo harás. No digo lo contrario. ¡Solo tienes que aprender que existen leyes mayores y que estas leyes no están controladas por nosotros!

-¡Está bien, mamá! ¡Oh! Casi lo olvido: hoy voy a ver un show de Skank. ¿Puedes prestarme el auto, mamá? Solo esta vez!

- No lo pienses, Sergiño. Ya conoces mi posición. Mientras no tenga mi licencia de conducir, no puedo dejarte usar el auto, hijo. ¡Soy responsable!

- ¡Mamá, sabes que conduzco bien!

- Lo sé, hijo. ¡Pero qué pasa con la ley!

- ¡¿No me entiendes, verdad mamá?! ¡Siempre son los otros, la ley, todo es más importante que yo!

- No es eso, hijo. El problema es lo que estás conduciendo sin licencia o si - ¡Dios no lo quiera! - algo pasa, nosotros, tu padre y yo, seremos responsables. No puedo en absoluto, hijo. Y no hay más discusión.

Doña Eugenia salió de la cocina y continuó con sus tareas, dejándole muy claro que no tenía sentido insistir.

Sergiño salió enojado de la casa y, dando un fuerte portazo, bajó las escaleras hablando en voz baja:

- ¡Voy a comprarme esta moto y acabar de una vez por todas con este calvario! ¡No puedo soportarlo!

Cuando terminó el espectáculo, los amigos estaban aun más entusiasmados con la banda; sabían que algún día podrían estar en un escenario, montando un espectáculo como el que acababan de ver.

Sergiño acordó regresar con el padre de Tiago, quien los recogería y los dejaría a Paula y a él en casa. Como el espectáculo terminó un poco antes de lo esperado, tuvieron que esperar al padre de su amigo. Entonces Paula volvió a insistirle a su novio:

- ¡Qué desagradable es tener que quedarse aquí esperando!

- No te quejes, Paula. Menos mal que el padre de Tiago viene a recogernos.

- ¿Por qué? Si tuvieras la moto ya estaríamos en casa.

- Mi padre llegará pronto, Paula. Ya lo llamé para avisarle que el espectáculo ha terminado. Está en camino.

- Está bien, Tiago. Ese no es el problema, hombre. ¡Creo que tu padre es genial, es *cool*! ¡Y creo que Sergiño podría ser más independiente ahora! ¡Eso es lo que llena mi paciencia!

- Tiene casi dieciocho años, Paula. Pronto esta situación se resolverá.

- ¡Lo dudo! Sus padres no le dejarán el coche cuando él quiera.

- ¡Paula, qué cosa! ¡Hemos hablado de esto tantas veces que ya estoy cansado!

- Seguiré hablando. ¡No me voy a rendir! Seguiré tocando la bocina en tu oído. ¡No lo soporto más! ¡Ni siquiera quiero saberlo! ¡No aguantaré hasta que cumplas dieciocho años!

- Está bien, Paula. Me venciste de cansancio. Mañana me pondré a investigar los precios, veré cuánto tengo exactamente y ¡voy a buscar la moto! ¿Está bien así?

- ¿Hablas en serio, Sergio? ¿O te estás burlando de mí?

- ¡Estoy hablando en serio! ¿Dije alguna vez que iba a comprar la moto?

- No nunca.

- ¡Entonces puedes tomártelo en serio!

- ¿Y tu familia? - Preguntó Thiago.

- ¿Qué tiene?

- ¿Tus padres te dejarán?

- Ey, Tiago, ¿qué es? Dale fuerzas a tu amigo para que sea más independiente, ¡adelante!

- Solo pregunto si tus padres te dejarán, porque los míos armaron un gran revuelo cuando me presenté en casa con la misma idea.

- No pueden detenerme, Tiago. Ya tengo el dinero. Solo necesito encontrar una que sea buena y a buen precio, estoy contento con el trato.

- ¡Así que este es el sexto! ¡Felicitaciones por la decisión!

Sergiño se mostró complacido con la reacción de su amigo y su novia, quienes lo abrazaron fuertemente y lo acurrucaron. aferrándose a su pecho le dijo:

- Eso es lo que espero de ti, Sergiño. ¡Actitud!

Esperaron un poco más y llegó el padre de Tiago, llevándolos a casa.

Al día siguiente, sin pensárselo dos veces, Sergiño se levantó de la cama decidido a seguir con sus planes. Temprano abrió la computadora y comprobó en el sitio web de autos y motos cómo estaba el valor de las motos usadas en el mercado; sí, porque sabía que no podría comprar una nueva. Aprovechó y revisó el saldo de su cuenta de ahorros, dándose cuenta que había ahorrado lo suficiente para comprar una motocicleta casi nueva, con dos o tres años de uso, el dinero que tenía disponible le alcanzaría para comprar una de baja cilindrada; y ni siquiera quería que fuera la más potente, ya que el mantenimiento sería más económico. Cuando se aseguró de todos los valores, apagó la computadora con entusiasmo, al mismo tiempo que aparecía una pizca de miedo. Sergiño; sin embargo, no quiso dejarse dominar por las dudas. ¡Estaba decidido y listo! Ahora, nada lo detendría. Le gustaría acabar con ese inconveniente de depender de todo y de todos. ¡Quería ser libre! ¡Hacer lo que quiera sin pedirle nada más a nadie! Y, hablando consigo mismo, enumeró las ventajas que tendría si se comprara la moto. Los enumeró mentalmente y siempre pensó en Paula. ¡Pensé que se enamoraría aun más de él!

Cuando llegó a la escuela, fue directamente al tablón de anuncios clasificados para estudiantes y profesores. Tuvo suerte. Había muchos anuncios de motocicletas. Uno de ellos le llamó la atención porque le parecía perfecto, hecho a su medida. Esa era la moto que quería: una tipo calle, de 350 cc. El precio era alto y sentía, por el tono del texto, que aun podría negociar un poco el valor y el pago. Llamó al celular mencionado en el anuncio y habló con el chico dueño de la motocicleta. Acordaron encontrarse para que él pudiera verla.

Cuando encontró a Paula, ya había dado todos los pasos para cerrar el trato. Calculó cómo negociaría con el chico. La invitó a acompañar esa tarde a un lugar especial.

- ¿Qué vamos a hacer, Sé?

- Es una sorpresa, Paula. No voy hablar. Lo sabrás cuando lleguemos allí.

- Ah... Habla rápido, sabes que no me gustan las sorpresas...

- No lo voy a decir, no.

- ¿Es una buena sorpresa?

- Y claro. Estoy seguro que te encantará.

- ¿Qué es? Dime, vamos. ¡O ni siquiera podré prestar la debida atención a clase!

- Intenta controlarte, Pauli, porque solo en ese momento lo sabrás. Puedes estar segura que te gustará.

- ¿No hay manera que puedas decírmelo?

Sonó el timbre, interrumpiendo la conversación. Sergiño se levantó, cogió su material y subió corriendo las escaleras:

- Espera y verás. Te va a gustar.

Y no hubo tiempo para que Paula dijera nada más. Ella también tomó su material y subió pensativa y emocionada. Estaba casi segura que era la motocicleta. Solo podría ser...

Paula pasó toda la clase distraída, preguntándose cuál sería la sorpresa, si realmente fuera la moto. Durante el descanso todavía intentó que su novio hablara; pero se escapó, habló con Tiago y

Renato, y dijo que llegaría más tarde al ensayo de esa noche. Sergiño también ocultó a sus amigos lo que pretendía hacer. Y solo podía soñar con la moto. Seguía pensando en ella, en como sería ser completamente libre de ir a cualquier parte. Junto a la ansiedad llegó un cierto miedo que alejó en todo momento. Estaba ocultando la separación a su familia y sabía que podría causar dolor a sus padres; a pesar de ello, ya se encontraba yendo de aquí para allá con su propio medio de transporte y quedó asombrado por la sensación de libertad que ya había previsto.

Al final de la clase confirmó con Paula si podrían encontrarse en el metro. Ella arrugó la nariz, ya que odiaba viajar en autobús o en metro, pero, curiosa, aceptó sin más preguntas. se dio cuenta que no tendría sentido insistir con su novio, que seguía actuando de manera misteriosa.

Antes de la hora prevista, Sergiño ya estaba allí y apenas había acertado a comer. Paula llegó un poco tarde y pronto se pusieron en camino. Las manos de Sergiño estaban frías y sudaba.

- ¿Qué tienes, Sergiño? ¡Tus manos están tan frías!

- Estoy un poco nervioso, Paula.

- ¿Por qué?

- Estoy tan emocionado, maldita sea. No todos los días compro...

- ¿Comprar qué? ¡Dímelo pronto! Vas a ver una moto, ¿vale?

- ¡Arruinaste toda la sorpresa, Paula!

- Y de verdad amor, ¿vamos a comprarte tu moto?

- A ver si esto es bueno.

- ¡Vaya, Sergiño! ¡Que máximo! ¿Es verdad? ¿Finalmente vas a comprar la moto?

Sergiño casi no pudo contenerse y sonrió, satisfecho con la reacción de su novia.

- ¿Qué medicina?

- ¡Verás qué chulo quedará! ¡Todo será más fácil!

- ¡Solo que no podrás cargar la batería!

- Ah... Está bien, Sergiño... ¡No hay problema! ¡Si lo necesitamos alquilamos una furgoneta para transportar nuestro equipo! Eso es por ahora porque en el futuro tendremos nuestro propio bus.

- ¡Y solo para el equipo! ¡Tomaremos otro autobús cuando tengamos un recorrido!

- ¡Es eso mismo! ¡Podremos dar un paseo enorme para el equipo y un autobús de 6 para nosotros! Todo con pegatinas gigantes, promocionando a la banda.

-¿Has pensado?

- Hablando de eso, ¿has pensado en el nombre de la banda?

-Todavía no. ¿Y tú?

- Ninguno, pero necesitamos encontrar un nombre. ¡Y tiene que ser muy fuerte, para que nadie lo olvide!

- Vamos a buscarlo, Paula, vamos a buscarlo. Hablando de encontrarlo, llegamos. Es aquí.

- ¿En este edificio?

Sergiño habló con el joven de la entrada y a los pocos minutos estaban en el aparcamiento del edificio con Evandro, un joven de poco más de veinte años, que mostraba la moto.

Sergiño observó atentamente todos los detalles, al igual que Paula. No se les escapó nada, ni un solo detalle. Preguntaron de todo. Sergiño dio unas vueltas al garaje junto a Paula y ya se sentía dueño de la moto. Cuando se detuvo, le dijo al chico:

- Bueno, Evandro, ¿cuál es el mejor precio que puedes hacerme?

- El que hablamos, hombre. No puedo quitarte nada.

- Dijiste que podíamos hablar.

- Y, hombre, pero viste la moto, ¡es nueva!

- Es nueva, pero el precio es un poco elevado.

Y allí se quedaron negociando y hablando. Paula ya estaba aburrida, cuando finalmente Sergiño le dijo al chico:

- Piensa en mi oferta. Mañana me respondes.

- De ninguna manera, hombre, de ninguna manera.

- Piensa, hombre. Pagado en efectivo.

- No es posible.

- Piénsalo. Te llamaré mañana y me darás la respuesta. Si lo aceptas, lo cerraremos inmediatamente.

Antes que Evandro pudiera responder, Sergiño se despidió y, tirando de Paula, salieron del edificio.

- Bueno, Sergiño, ¿y si no quiere vender?

- Va a venderlo, Paula. ¡Esta moto es mía!

- ¿De verdad piensas eso?

- No tengo duda. Lo siento por dentro. Paula sonrió satisfecha.

* * *

DOÑA EUGENIA, Felipe, Sueli y Fabio cenaban entusiasmados cuando llegó Sergiño. Él estaba serio y pronto se unió a la familia, permaneciendo entre tanto, silencioso. El Sr. Felipe contó algunas de sus reuniones difíciles ese día y habló de los problemas que enfrentaba con los hospitales. Vendió equipos médicos y los hospitales, especialmente los públicos, se retrasaron en los pagos. De vez en cuando, doña Eugenia observaba al hijo, que permaneció en silencio, pensativo. Estaba terminando la cena cuando Fabio preguntó:

- Y el show de Skank, ¿estuvo chido?

- Fue fantástico, Fabio, solo que el camino de regreso fue complicado - añadió rápidamente Sergio, siguiendo el ejemplo de su hermano...

- ¿Por qué?

- Tuve que quedarme allí más de una hora esperando que el padre de Tiago nos recogiera.

Doña Eugenia, imaginando ya hacia dónde iba su hijo, dijo rápidamente:

- ¿Y eso? ¿Qué hay más sobre esto? Antes nos pasábamos horas esperando para conducir, ¿no, Felipe?

- Sí. Antes no teníamos tantas facilidades como tienes estos días.

- Está bien, chicos, está bien. No ayudará. Ya lo he decidido. Voy a comprar la moto. No quiero más kilos de carne a diestra y siniestra.

- Hijo, ya hablamos de esto – interfirió, enérgico, Felipe.

- Y ya te dije lo que quiero hacer, papá. Dentro de unas semanas cumpliré dieciocho años, luego sacaré la licencia de conducir de coche y de moto y todo irá bien.

- Sergiño, ese no es el punto. La motocicleta es muy peligrosa. Muchos jóvenes pierden la vida cada día en accidentes. Me canso de ver pasar esto, y a veces de mi lado.

- Qué horrible, papá. ¿Es cierto?

- Sí Sueli - Doña Eugenia repitió preocupada:

- ¡Es verdad! Parecen locos conduciendo. Andan entre los coches, cosen, actúan como si fueran inalcanzables, como si nada pudiera pasarles.

- También creo que está mal conducir así. Voy a tener mucho más cuidado, mamá.

- ¿No vas a andar en moto, verdad, Sergiño?

¡Por favor!- preguntó Sueli.

- No te preocupes, Sueli. Voy a conducir bien, cariño. No voy a adelantar...

El señor Felipe interrumpió a su hijo, irritado:

- Ya dije que no quiero una moto aquí en casa, Sergiño. No lo admitiré. Es muy peligroso. Pasarás a recoger el coche en unos días y solo espera un poco más.

- ¿Y podré tener un coche solo para mí? ¿Ir a donde quiera, cuando quiera?

- Tendremos algunas reglas para que las cosas funcionen bien.

- Siempre las reglas, las normas, las órdenes... ¡Ya tengo dieciocho años! ¡Sé cuidarme muy bien! ¡Y quiero comprarme la moto! ¡Quiero cuidar de mi vida a mi manera!

- Mira, Sergio, no lo voy a repetir. No toleraré este tipo de actitud aquí. No quiero que compres ninguna motocicleta. ¡Y punto final! ¡El tema ya no se discute!

Sueli preguntó llorando:

- ¡No quiero que andes en moto por diversión, Sergiño, es peligroso! ¡Papá tiene razón! ¡No quiero que mueras!

- ¡Qué muerte, nada, Sueli! ¡Sé cuidarme! - Sergiño gritó. Se levantó y, dirigiéndose a su habitación, cerró la puerta detrás de él con todas sus fuerzas.

El señor Felipe se levantó inmediatamente después de su hijo y se dirigió a Sueli:

- ¡No hay por qué llorar, no se va a comprar ninguna moto!

Luego, abriendo la puerta de la habitación de su hijo, dijo con firmeza:

- Y no quiero que golpees la puerta. Estábamos hablando, pero parece que no sabes lo que es eso. ¡Solo sabes gritar e imponer tu voluntad!

- ¿Soy yo quien impone mi voluntad o tú?

- Estoy tratando de explicar mis razones hablando. ¡Resulta que a veces es imposible hablar contigo, hijo! ¡Te vuelves irracional!

- ¡Quieres que haga todo lo que quieres!

¡En la forma que tú quieres! ¡Ah, entonces sé feliz!

- ¡Eso no es verdad! ¡Te doy fuerza en todo lo que quieres hacer! Tomemos el caso de la banda ¿Qué dices? ¡Además de regalarte la batería, haremos todo lo posible para que puedan actuar en tu cumpleaños! Pero soy tu padre y estoy tratando de preservarte.

- Ya sé tomar mis decisiones, papá. Y no quieres irte.

- No pensar en todos los aspectos, hijo. Ir en moto es muy peligroso y, en una gran ciudad, ¡no es posible! No voy a discutir más esto contigo. Y tema cerrado y no tiene sentido presentarse aquí con ninguna moto, porque ¡me voy con ella!

El señor Felipe salió y cerró la puerta. Sergiño permaneció encerrado en su habitación hasta la hora del ensayo, cuando llegó Renato tocando la bocina y salió corriendo.

Capítulo 6

Lívia

DOÑA EUGENIA SE ACOSTÓ temprano, pero se revolcaba en la cama, pensando y repensando sin poder dormir. Una opresión en el pecho le hizo pensar en su hijo y sentir miedo. Sabía que cuando a Sergiño se le metía una idea en la cabeza nadie se la quitaba; no aceptaba ningún tipo de consejo. Por eso temía por el futuro. Apartó los malos pensamientos de su cabeza, tratando de creer que esta vez convencería a su hijo de no comprar esa motocicleta. Al mismo tiempo, sabía que no ayudaría y que tarde o temprano aparecería en casa con la moto. Y entonces, ¿cómo sería? La preocupación ahora era su marido. ¡Padre e hijo volverían a pelearse! Y ella realmente quería que se creara armonía en su hogar. En cierto momento, preocupada y alterada, comenzó a orar a Dios por su hijo y su familia. Pidió protección, ayuda. Fue orando que poco a poco ella se calmó y se quedó dormida.

Entonces tuvo un sueño placentero e inolvidable:

Lívia, la sobrina de su marido que había partido hacia su patria espiritual hacía casi quince años, se acercó a ella y hablaron. Despertó sintiendo una suave serenidad rodeándola, recordando el dulce rostro de Lívia sonriéndole y hablándole. Aunque lo intentó con todas sus fuerzas, no podía recordar de qué habían hablado; solo la expresión de Lívia no salía de su mente.

Mientras tomaba café esa mañana, permaneció pensativa, tratando de recordar lo que Lívia le había dicho. No podía. Solo la imagen de Livia permaneció clara en su memoria. Para doña Eugenia, eso podría haber sido más que un simple sueño. Sabía, por los libros que leyó y por su propia experiencia, que muchas veces es posible, cuando uno está dormido, contactar verdaderamente con aquellos que ya han partido al otro lado de la vida. ¿Y si Lívia hubiera venido a decirle algo importante? No podía dejar de pensar en el sueño, principalmente porque sentía una inmensa suavidad al recordar el rostro de su sobrina.

Durante el café no dijo nada a nadie, pero todos notaron que estaba más callada que de costumbre. Sin embargo, todavía tranquilos por la discusión de la noche anterior y preocupados por la historia de la motocicleta, no preguntaron nada. Sueli y su padre sabían que ella debía estar preocupada por Sergiño, que aún dormía cuando todos se fueron, después de terminar de desayunar.

Durante la cena, doña Eugenia permaneció pensativa y apenas hablado. El Sr. Felipe y Fabio hablaron de fútbol, un deporte que gustaba mucho a su padre. Sueli, en silencio, observó a su madre. Cuando estaban en el postre, Felipe preguntó:

-¿Sigues preocupada por Sergiño, Eugenia?

- Sí, Felipe.

- No te preocupes demasiado, no pasa ni un solo día con moto dentro de esta casa.

- Es más, he estado pensativa todo el día.

- No es solo Sergiño quien ocupa mis pensamientos, Sueli.

-¿Qué pasa entonces, mamá?

- Tuve un sueño, Felipe, muy extraño...

- ¿Estaba asustada, mamá? - Preguntó Fabio, quien estaba aterrorizado de tener pesadillas.

- No, Fabio, fue un sueño innato.

- ¿Cómo te fue, mamá? ¡Cuenta!

- Soñé con Livia, Felipe. Ella se veía hermosa y me sonrió.

- ¿Esa prima nuestro que murió hace años, mamá? - Preguntó Sueli interesada.

- ¿Quién era, mamá? - Preguntó Fabio, curioso.

- Hija de tía Zulmira, hermana de papá.

- Ella también murió, ¿verdad mamá?

- También, el año pasado; Livia se fue antes, hijo, mucho antes.

- Y ha pasado... ¿Cuánto tiempo? - Sueli frunció el ceño y cerró momentáneamente los ojos, esforzándose en recordar el rostro de su prima, que había visto muchas veces en fotografías.

- Creo que unos quince años, Sueli. Sergiño era muy pequeño, tenía unos tres años...

- ¿Y por qué te impresionó tanto este sueño, Eugenia? ¡Sueñas tanto!

- Es que nunca antes había soñado con ella, Felipe. Y fue un buen sueño...

- ¿Por qué entonces la preocupación?

- No lo sé... Tal vez porque no recuerdo de qué hablamos, qué dijo... Me gustaría saber por qué soñé con ella... Y creo... Bien...

- ¿Que mamá? ¡Habla! - Insistió Sueli, curiosa.

- Creo que no fue solo un sueño...

- ¿Qué quieres decir, mamá? - Preguntó Fabio asustado.

Doña Eugenia miró a los ojos a su marido, quien siempre desaprobaba cuando ella contaba historias sobre espíritus, muertos, ese tipo de cosas. Sueli estaba interesada y quería saber más; Fabio estaba muerto de miedo y a veces, después de conversaciones así, tenía pesadillas. Por eso Felipe le había pedido a su esposa que no hablara de estos temas delante de sus hijos.

- Déjalo en paz, Sueli. Fue un buen sueño, eso es lo más importante. Me alegré de ver a Lívia, y solo eso. La extrañé.

Más tarde, ya con los niños en la cama, doña Eugenia y Felipe volvieron a hablar del sueño.

- No sé por qué te perturbó tanto el sueño, no lo entiendo.

- Y no me pareció un sueño, Felipe. ¡Era como si realmente me hubiera encontrado con Lívia!

- Creo que estás impresionada, Eugenia. Está preocupada por Sergiño, con esa charla de la moto y todo. Creo que se estremeció y acabaste soñando con ella.

- No lo sé, Felipe. Era como si la hubiera visto.

- Hay algo que no entiendo, Eugenia. Si dices que el sueño fue bueno, que Lívia estaba bien, hermosa, ¿por qué te impresionaste?

- Porque fue muy real, Felipe, fue real como te hablo ahora. Y también porque no puedo recordar de qué hablamos. Lo intento, pero no puedo.

- ¡Entonces verás que no hablaron!

- ¡Hablamos, sí, tengo razón! ¡Solo que no lo recuerdo!

- ¡Déjalo en paz, Eugenia! ¡Lo importante es que fue un buen sueño!

El señor Felipe le sonrió a su esposa y ella asintió diciendo:

- Sí, Felipe. Fue un buen sueño.

- ¡Entonces olvídalo!

- ¡Es difícil olvidar esa cara de ángel!

Volvió a mirar a su esposa y sonrió, luego continuó organizando sus materiales de trabajo del día siguiente. Sabía que su esposa y Lívia eran grandes amigas y conocía muy bien el cariño que doña Eugenia dedicó a su sobrina.

En cuanto a doña Eugenia, no podía dejar de pensar en Lívia. Después que su marido se fue a la cama, ella fue al armario donde guardaba recuerdos familiares y buscó fotografías de su sobrina. Encontró algo. Se sentó en el sofá del salón con todas las fotos en las manos y empezó a recordarla.

Lívia había sido una joven feliz y entusiasmada con la vida. Amaba a sus tíos y primos, a Sergiño en particular. Doña Eugenia miró las fotos de Lívia con Sergiño en su regazo. Tenía veinte años cuando nació su primo y le encantaba cuidarlo. Sergiño también le tenía un gran cariño; ella era su favorita entre todos los primos y tíos que lo mimaban. Eugenia y Lívia también se querían mucho, y Zulmira incluso estaba algo celosa del cariño entre su tía y su sobrina. Había sido una persona especial, reflexionó doña Eugenia mirando las fotografías.

Lívia nació prematuramente, a los ocho meses de embarazo, y tenía un problema cardíaco que la dejaba siempre cansada. Su frágil salud requirió cuidados y atención constantes, viéndose obligada a estar en hospitales casi semanalmente. Los médicos habían advertido a los padres que la niña podría no vivir más allá de la adolescencia y que para llegar allí podría necesitar algunas cirugías. A pesar de muchos exámenes e intentos de los padres por tratar el problema, era una enfermedad que no se podía curar por completo. Su vida fue corta y al mismo tiempo extraordinaria. Su ternura hacia sus amigos y familiares la hizo querer por todos. Cuando siendo adolescente sus padres quisieron que ella fuera operada sin garantías de superar la cirugía, ella decidió que no pasaría por esa situación y que confiaría en Dios y le daría a Él la decisión sobre su vida. Unos años más tarde su salud empeoró y a los veintitrés años falleció, dejando a todos con una gran tristeza y un gran cariño.

Doña Eugenia estaba recordando y tenía lágrimas en los ojos cuando llegó Sergiño. Encontró que ella estaba en la sala, distraída en sus pensamientos y tan alejada que no notó su entrada. Al ver a su madre emocionada, se acercó tímidamente:

- Hola, señora Eugenia. ¿Qué está haciendo sola?

- Hola, hijo - dijo secándose rápidamente los ojos -, estoy aquí pensando en tu prima Lívia. ¿La recuerdas?

- Un poco... Déjame ver.

Se sentó junto a su madre e, interesado, empezó a mirar las fotos.

- Era bonita, ¿verdad mamá?

- Lo fue, por dentro y por fuera.

- ¿Cómo por dentro, mamá?

- Tenía un alma hermosa, hijo mío.

- ¿Cómo lo sabes, si el alma no puede verse a sí misma?

- Pero vimos sus actitudes de amor y cariño hacia todos. ¡Era un ángel!

- Y... tengo pocos, pero buenos recuerdos de ella...

Sergiño y su madre se quedaron un rato más mirando las fotos y recordando. Solo mucho después, después de recordar momentos y revisar muchas fotos, decidieron dormir.

Esa noche Sergiño durmió inquieto y soñó mucho. Se despertó varias veces y luego volvió a dormirse. En los momentos en que dormía, se encontraba corriendo detrás de algo que no podía identificar. Se despertó por la mañana de mal humor.

- ¡Ese mal humor propio de quien no duerme bien y tiene un largo día por delante!

Aunque su madre no había mencionado la motocicleta, él sabía que la molestaba. La noche anterior había llegado tarde a propósito para evitar más discusiones sobre el tema.

Saltó temprano de la cama. El café no estaba listo cuando salió. No quería hablar con nadie. Su decisión ya estaba tomada y quería evitar que sus padres pelearan con él. Porque no serviría de nada, sería una pérdida de tiempo.

Su madre todavía intentó hablar, pero él se fue rápidamente, con el pretexto que necesitaba estudiar un poco antes de clase. Cuando bajó las escaleras y cerró la puerta detrás de él, ¡se sintió aliviado de no haberlo hecho teniendo que volver al tema de la bendita moto!

Iba al colegio pensando: ¿por qué sus padres eran tan intransigentes? Pensó que lo mismo les pasaba a sus amigos. Los adultos daban la impresión de ser todos iguales. Parecen olvidar que alguna vez fueron jóvenes. No quería ser adulto; le parecía muy aburrido: estar todo el tiempo preocupándose por algo, corriendo detrás de algo, sin divertirse, sin disfrutar la vida. Responsabilidades, responsabilidades y responsabilidades! ¡Qué cansada le parecía la vida de adulto!

- Y lo peor es que él mismo estaba sintiendo el peso de la responsabilidad con el examen de ingreso que se acercaba, la necesidad de elegir una profesión y todo eso! ¡Qué aburrido era! ¡Le gustaba mucho tocar guitarra, citas, viajar, disfrutar de la vida! ¡Le encantaba salir de fiesta con amigos! ¡Sí, todo eso era bueno! Y siempre se preguntó por qué los adultos tenían que preocuparse tanto por todo. Debía haber algo mal con ellos...

Después de clase, Sergiño y Paula se encontraron otra vez con el tipo que vendía la moto. Sergiño le había convencido de venderlo por un precio ligeramente inferior y pagarlo en dos plazos.

- ¡Estoy tan feliz, Sergiño! ¡No creo que hayas tomado medidas firmes y hayas resuelto este problema!

- Te dije que lo arreglaría, ¿no?

- Sí, pero también dijiste que no comprarías la moto primero, ¿verdad, Sergiño? - Dije, simplemente, pero cambié de opinión.

- Ayudé un poco, ¿no?

- ¡Por supuesto que no, Paula! Lo decidí porque pensé que era mejor para mí, para nosotros.

Paula sonrió y no respondió. Estaba segura de haber contribuido, mucho, a la decisión de su novio.

- Hay algo que aun no he podido resolver. Quizás necesito que me ayudes.

- ¿Qué es?

- No quiero llevarme la moto a casa. Mis padres todavía no han aceptado completamente la idea.

- ¿En serio? ¡Es broma!

- No. No quieren que compre la moto, hubo una gran pelea en casa cuando dije que realmente la iba a comprar.

- ¡Papá a veces es muy molesto!

- Sí, pero no quiero estar peleando todo el tiempo. Creo que es cuestión de tiempo que se acostumbren. ¿Puedo dejar la moto unos días en tu casa?

Sergiño no quiso decir que su padre le había amenazado con desaparecer con la moto si llegaba a casa con ella, y supo que Felipe hablaba en serio.

- Tengo una idea mejor, Sé. Una amiga mía vive cerca de tu casa. Susana, ¿la recuerdas? La conociste el día del campeonato.

- La recuerdo. ¿Tiene espacio para guardar la motocicleta allí?

- Charrán. La casa es grande y tiene garaje para cuatro coches. Puedes dejarla, estoy seguro. Ella es genial y a sus padres tampoco les importará. ¡Y lo mejor de todo es que la casa está a solo dos cuadras de la tuya!

- ¡Wow perfecto!

Abrazó a su novia, sintiéndose emocionado y ansioso al mismo tiempo. Se acercaban al edificio. Cuando llegaron, todo pasó rápido y cerraron el trato en dos minutos.

Sergiño salió orgulloso de casa, con su mujer a cuestas, y desfiló hasta su casa. ¡Estaba radiante! Antes; sin embargo, fueron a donde vivía Susana y arreglaron todo; Su madre lo autorizó sin problemas. Sergiño no dio muchas explicaciones: solo dijo que no tenía dónde guardar la moto y que sería solo por poco tiempo, hasta que encontrara un espacio en su casa.

Cuando dejó a Paula, los ojos de su novia brillaron de alegría:

- ¡Gracias, Sergiño! ¡Estoy feliz! ¡Ahora todo será más fácil! ¡Qué máximo!

Se despidieron. Sergiño quedó con ella para recogerla más tarde para el ensayo de la banda.

- "Ahora sí - pensó - nada perturbará mis planes..."

Capítulo 7
Por fin, el nombre

LOS ENSAYOS DE LA BANDA continuaron y se hicieron más intensos, haciendo que el grupo mejorara con cada nuevo encuentro. El repertorio para el estreno ya había sido elegido y ensayado con cada vez más dedicación y atención al detalle. La interacción entre los miembros también aumentó. Además, no hubo tiempo para muchas discusiones: el día de la presentación se acercaba rápidamente. Solo una cosa aun no estaba decidida: el nombre del grupo. Todos los días alguien llegaba con una sugerencia, sin llegar a un consenso. A veces Paula traía una idea, otras veces era Tiago o Renato, pero cuando analizaban las sugerencias no se ponían de acuerdo. Siempre pensaron que el nombre aun no era el más apropiado. Sin embargo, esa ausencia del nombre ya estaba poniendo de los nervios a todos. ¿Cómo presentarías a la banda sin nombre? La ansiedad también creció:

- ¿Cómo vamos a encontrar el nombre correcto? Ya casi estamos en el día del estreno, de nuestro primer show, y todavía no tenemos un nombre chulo. ¿Cómo vamos a resolver esto?

- ¡No lo sé, Renato! ¡No lo sé! - Refunfuñó Tiago sintiéndose acorralado.

- ¿No lo sé? No huyas, Tiago. ¡Necesitamos un nombre!

Paula se quedó pensativa. Yo también estaba preocupada. Sergiño, que parecía distante, de repente se le ocurrió esto:

- ¿Y si llamamos a nuestra banda "Los Sin Nombre"?

- ¿Cómo "sin nombre"? ¿Sin nombre qué? - Preguntó Paula.

- La Banda de "Los Sin Nombre." ¡Es diferente y yo creo que es bueno! - defendió Sergiño.

- ¡Ah, Sergiño, dame un respiro! ¡Incluso parece algo en lo que alguien no quiere pensar!

- Pero la gente...

La idea del chico fue descartada por unanimidad y casi fue linchado por el grupo. ¡Mira hasta dónde llegaron sin poder elegir el nombre correcto!

Pasaron algunos ensayos más y la ansiedad creció cada vez más. Pronto necesitarían el nombre para poner en las invitaciones, el tiempo se acababa y el nombre no aparecía. ¡Tenían ideas para todo menos eso!

Y el nerviosismo creció, insoportable.

Ese día Sergiño llegó irritado, sin darse cuenta que una canción de su banda favorita no se le salía de la cabeza. No prestó mucha atención y la música siguió sonando todo el tiempo. Mal pudo ensayar porque la canción le venía a la mente todo el tiempo.

Durante una pausa en el ensayo, Sergiño tarareaba bajito, sin darse cuenta de qué.

- Si lo dudas, tengo más que un mar de pruebas, si lo dudas...

Eso llamó la atención de Paula, y le preguntó a su novio:

- ¿Qué canción es esa, Sergiño? ¡La estás cantando desde que entraste!

- ¿Cantando? No estoy cantando.

- Sí, sí, cantando bajito. Espera un momento, creo que sé qué cuál es.

Paula se esforzó por recordar la canción. Y finalmente dijo:

- Es "Siderado". No puedes dejar de cantar esta música hoy, no sé por qué.

- ¿Y Skank? - Preguntó Tiago acercándose a su amigo.

- Sí. Del CD del mismo nombre - afirmó Paula, recordando precisamente -, ¡canta un poquito más!

"Porque te espero en la niebla, porque yo

Espero en el lobby, aeropuerto o esquina y al sol del verano..."

Y cantó toda la canción. Esta vez todos se interesaron y Renato preguntó:

- ¿Cómo se llama esta canción, Sergiño?

- "Siderado."

Sin pensarlo dos veces, Paula gritó:

- ¡Y eso es todo, chicos! ¿No lo entienden? ¡Ese es el nombre de nuestro grupo!

- ¿Cómo así?

- El nombre del musical ¡Este será el nombre de nuestra banda!

- ¿Por qué? ¿Qué tiene que ver con eso?

- ¿Tienes un diccionario, Renato?

- ¿Tengo por qué?

- Tráelo, por favor.

Sin entender nada, Renato le entregó el diccionario a Paula y todos se quedaron esperando a ver qué decía.

- ¡Lo sabía! Ya había leído en alguna parte, creo que en una clase de portugués, el significado de esta palabra. Siderado significa golpeado, aniquilado, perplejo, aturdido. Y así se quedarán todos cuando escuchen a nuestra banda: ¡asombrados!

Sorprendidos, no supieron qué decir, pero finalmente aceptaron, satisfechos, que ese era el nombre perfecto para la banda. Se decidió: Siderado.

Capítulo 8

Final del campeonato

ERA LA FINAL DEL CAMPEONATO INTERESCOLAR y el colegio estaba alborotado, con gente enorme yendo y viniendo. Con las puertas abiertas, la escuela de Sergiño recibió a los padres de los alumnos, que junto con otros familiares acudieron, como búhos, para apreciar los dones de sus hijos: todos admirados por las cualidades de sus hijos, que seguramente los habían imitado en tal o cual cualidad.

¡Oh! Los padres... Estos seres angustiados en constante conflicto entre lo que quieren y lo que deben hacer... Estaban todos allí, emocionados y llenos de expectativas. Después de todo, parecía una gran fiesta. Doña Eugenia, Felipe, Fabio y Sueli vinieron a participar del evento y homenajear a su hijo y hermano. Cuando llegaron, las gradas que bordeaban la cancha estaban casi llenas. Caminaron lentamente entre los escalones tratando de encontrar un lugar más cercano a la cancha, ya que estaba exactamente donde todos querían estar, lo más cerca posible de los jugadores. Finalmente se instalaron con algunos padres de otros jóvenes, a quienes ya conocían. Sergiño estudió en esa escuela desde pequeño, desde el inicio de su vida escolar, y por eso tenía muchos amigos de toda la vida y las familias también se conocían.

El revuelo iba en aumento. La afición organizada integrada por uniformadas entró y aumentó aun más la emoción. Un equipo hacía más ruido que el otro, pero todo estaba ensayado y preparado con antelación. Hicieron todo bien, exactamente igual. Los padres búhos estaban cada vez más emocionados.

Una campana estridente y ensordecedora anunció que se acercaba la hora del partido. El equipo contrario entró momentos después. En realidad; era el favorito. Había ganado todos los partidos desde el comienzo del campeonato. Y ganó por goleada. Los aficionados aumentaron el alboroto, algunos para saludar y otros para abuchear. Fue un ruido ensordecedor.

Luego le tocó el turno al equipo local, el de Sergiño, y la gritería fue aun mayor, aunque la afición tenía casi el mismo número de gente de un lado y del otro.

Dirceu entró delante del equipo, todos haciendo cabriolas. Tenía mucha confianza en que podrían ganar a los favoritos. Sabía que tenían el equipo para esto; necesitaba hacerles creer, confiar en sí mismos. A veces es difícil creer en la propia capacidad. Es más fácil pensar que eres débil e incapaz, así que no tienes que esforzarte tanto y justificar lo que estás haciendo.

El fracaso se vuelve más cómodo. Sin embargo, Dirceu sabía que si realmente confiaban en sí mismos, en lo mucho que ya habían entrenado, si tenían mucha determinación y garra, terminarían ganando el partido. No era contra el oponente contra quien tenían que luchar, sino más bien contra las propias dudas, los propios miedos; aquellos que de hecho deberían ser derrotados.

Ésa había sido su tarea, como entrenador, en los últimos días: reforzar la seguridad del equipo y la confianza de los deportistas en sí mismos, tan necesaria para superar cualquier obstáculo. Él mismo había visto a equipos hasta entonces invictos derrotados por equipos más pequeños cuya confianza en sí mismos y su deseo de ganar habían superado dificultades técnicas aparentemente insuperables. Y confiaba en ese equipo, sabía que todos eran realmente buenos.

Justo detrás, Dirceu seguía Sergiño, igualmente confiado. Sabía que podrían sobrevivir. Nuevamente sonó la molesta campana, perdida entre los gritos y el ruido de la multitud. Advirtió que el juego estaba por comenzar.

Todos se posicionaron y el árbitro pitó el inicio del partido. Primer set. Despidió al equipo contrario. Al principio todavía un poco nervioso, poco a poco ganaron fuerza y empezaron a sumar puntos. Marcaron sin parar, uno tras otro. Y el equipo local, el de Sergiño, perdió estrepitosamente ese primer set. No pudo anotar más de seis puntos.

Durante el breve descanso, la afición local, a pesar del miedo, apoyó a su equipo. "¿Van a perder en el lavado?" Así lo pensaron muchos en las gradas, que; sin embargo, animaron al equipo juvenil. Sabían que sería un partido difícil y siguieron animando a su equipo.

El juego se reanudó. Saque y tala aquí, saque y tala allá. El equipo local siguió cometiendo errores y regaló puntos y más puntos al otro equipo, justificando su posición de favorito y haciendo crecer cada vez más la confianza del equipo, para desesperación de Sergiño y su pandilla, que vieron el ansiado título de campeones desapareciendo de sus manos.

Dirceu sintió que necesitaba hacer algo, necesitaba debilitar esa creciente confianza en el otro equipo. Eso fue todo, por la competencia técnica que tenían sus jugadores. Les gritó a uno y a otro pidiéndoles que se concentraran y no pasó nada. De repente recordó que el equipo contrario, con casi el mismo equipo, había perdido gravemente dos sets en el campeonato hace tres años, antes de ganar el último partido. Ya lo había comentado varias veces con el equipo, sin reforzar nunca su significado.

"¿Hacerles darse cuenta que pueden ganar?" - pensó Dirceu, insistentemente. Pero no hubo tiempo para nada más: casi sin sumar puntos, perdieron el segundo set.

Salieron del tribunal con la cabeza gacha y ya abrumados por el desánimo. Incluso parecía como si los favoritos hubieran crecido en tamaño, se hubieran vuelto gigantescos.

La afición local todavía intentaba animar, pero ya se estaba cayendo ante tantas dificultades.

Cuando los jugadores tuvieron éxito, Dirceu no perdió el tiempo y se apresuró a decir:

- ¡Muy bien! ¡Lo estás haciendo bien!

- ¿Cómo así? ¡Estamos perdiendo por goleada, Dirceu! ¿Estás loco?

- ¡No, lo estás haciendo bien! ¡Excelente!

Nadie entendió nada; pensaron en lo que entrenaron, el dolor había desaparecido.

- ¿No se acuerdan? Así ganaron la final del campeonato hace tres años. ¿Han olvidado? – Les dijo.

- Lo que dijiste fue que jugaron mal - dijo Tiago, jadeando.

- ¡No fue solo eso! Perdieron sus primeros dos sets y luego le dieron la vuelta al juego y ganaron, exactamente como lo harán cuando regresen a la cancha. Quiero que olviden que este es el tercer set. Será el primero. Ya están acostumbrado a ellos, saben jugar y además donde fallan. ¿No saben? Ya se puede intuir cómo devolverán el balón. Sigan su instinto, dejen que hable más fuerte; Ya lo saben, solo necesitan prestar atención a lo que saben. Olviden que es el tercer set, piensen que los otros dos fueron entrenando, eso es todo. ¡Están listos, listos para ganar! ¡Salgan y ganen! No dejen que un solo pensamiento de derrota permanezca dentro de ustedes; por otra parte, piensa que ellos también vivieron precisamente lo que están viviendo ustedes, y miren. ¡Jueguen todo lo que saben y ganen! ¡Es tiempo de volar!

Los chicos miraron al entrenador y sintieron la energía crecer dentro de ellos. Se dejaron atrapar por las palabras del entrenador y empezaron a decir que podían hacer lo que él les proponía.

Cuando regresaron a la cancha, siguiendo las sugerencias de Dirceu, todos simultáneamente se concentraron en la idea de la victoria. Desde el principio, el equipo contrario hizo hincapié. Solo entonces, en lugar de dudar, se aferraron al deseo de ganar y no se desanimaron. Pensaron que el otro equipo no era infalible y empezaron a aprovechar mejor los errores que cometían. Pronto el equipo de casa anotó un punto. Y otro, luego otro, otro y otro. El marcador registró puntos y más puntos. La recuperación era inevitable. El equipo se quedó en la cancha creyendo que podía ganar y empezó a darle la vuelta al partido, ante el asombro del equipo favorito. El equipo local ganó el tercer set jugando como si fuera el primero. Cuando se fueron al descanso, Dirceu dijo que la estrategia estaba funcionando y que podían confiar plenamente en ellos, porque estaban muy bien, sabían jugar.

Regresaron a la cancha bajo el ruido ensordecedor de la afición, que parecía haber aumentado en número, tal era el ánimo que daban al equipo.

Esta vez fue más difícil, ya que el equipo contrario estuvo más atento. Sin embargo, para empeorar aun más la situación, Sergiño, que jugaba en la red, parecía tener alas en los pies; saltó y cortó con tal precisión y velocidad que el otro equipo se perdió. Anotó, casi seis minutos después, más de seis puntos y los locales ganaron el cuarto set, con una cómoda ventaja.

Una vez fuera, Dirceu los recibió con más seriedad. Era el momento de decidir, todo o nada. La multitud, nerviosa, se puso de pie. Pidió a todos que se unieran. Todos obedecieron. Luego dijo:

- Sienten lo fuertes que son juntos, unidos. Jueguen así, con el mismo sentimiento, y ganarán.

Cuando sonó la campana del quinto set, el equipo no pudo contenerse fuera de cancha, tal era su entusiasmo y la fuerza que sentía. Los atletas regresaron y ganó sin dejar que el otro equipo, anteriormente favorito, tenía más de ocho puntos.

Ese fue el primer campeonato interescolar que ganó la escuela de Sergiño y la alegría de los profesores y especialmente del director, así como de los padres y de los propios jóvenes, fue contagiosa.

Al final, subieron al podio para recoger las medallas y de ahí salieron esa tarde como verdaderos vencedores, ya que habían dominado no solo al equipo contrario, sino a sí mismos, volviéndose claramente más fuertes.

Sergiño fue aclamado por sus compañeros como un héroe, por haber jugado brillantemente, y desde la grada, sin perderse un solo detalle, sus padres aplaudieron aun más y no pudieron contenerse de tanto orgullo. Miraron a su alrededor como diciendo: ¡Es mi hijo! Fabio salió corriendo y se unió a la fiesta de sus amigos; quería participar.

¡Fue una tarde feliz y animada! Paula se deshizo en elogios para su novio, quien salió de la cancha completamente satisfecho: definitivamente se había ganado el corazón de su novia, sentía que podía lograr muchas otras victorias, ¡su vida era perfecta!

Capítulo 9

Ocultando la terquedad

LAS CELEBRACIONES continuaron el domingo y durante toda la semana. Don Felipe quiso hablar con Sergiño sobre el tema de las motos, pero evitó el tema, pues quería que su hijo disfrutara de ese perfecto momento de alegría y victoria. Sin embargo, la preocupación le molestaba. Como una pulga detrás de la oreja rascándose las ideas, sintió que su hijo había hecho una estupidez. Doña Eugenia también sentía que su hijo había fracasado o estaba a punto de hacer algo realmente estúpido. Los dos hablaron sobre el tema un par de veces. En una de estas ocasiones, mientras desayunaba, doña Eugenia dijo:

- Estoy preocupado, Felipe. Sergiño no volvió a sacar el tema de la moto. Está demasiado feliz de haberse rendido. Sé que hizo o planea hacer algo...

- Yo siento lo mismo, Eugenia. Voy a hablar con él. Solo no hice esto antes porque quería dejar la alegría de celebrar prevaleciera...

- Lo sé, Felipe. Por eso tampoco lo mencioné. Pero se queda aquí martilleando en mi mente...

- En la mía también... Ya era hora. ¡Voy a tener una conversación sería hoy con nuestro hijo, sin falta! Ahora voy, hablaré con él en la noche.

Esa noche Felipe llegó más temprano que de costumbre. Quería asegurarse de encontrar a su hijo. Sergiño se disponía a salir, después de cenar, cuando su padre le dijo:

- ¿Vas a ensayar otra vez, Sergiño?

- Lo haré, papá. ¡La banda se está poniendo increíble! ¡Ni te lo imaginas! ¡El show debut será un gran éxito, estoy seguro!

- Apuesto que sí, hijo mío. Por la forma en que has estado ensayando incansablemente, sé que va a ser genial. Pero hoy, antes que te vayas, necesitamos hablar los dos.

Sergiño, que había estado tratando de evitar el tema y cualquier oportunidad que tuvieran sus padres de enterarse que había comprado la motocicleta, se dispuso a irse.

El padre lo tomó del brazo:

- En serio, Sergio. Hoy hablemos. Vamos a tu habitación.

- Papá... Y eso...

- No hay escapatoria, Sergio. A tu habitación, tenemos que hablar.

El joven miró a su madre, tratando de descubrir cuál era el tema. Cuando notó que doña Eugenia no lo miraba a los ojos, estuvo seguro que la motocicleta sería el tema. Se levantó lentamente, con cara de fastidio y aburrimiento, y se dirigió al dormitorio, donde ya lo esperaba su padre:

- Cierra la puerta, Sergio. Vamos a hablar.

- ¡Pues qué serio, eh, papá!

- Es muy serio y voy directo al grano. Hace unas semanas tuvimos una conversación sobre una moto así, ¿sorprendido?

- Sí. Dijiste querías comprarla y te dejé claro que no lo permitiría hacerlo. Solo quiero asegurarme que entiendes exactamente lo que quise decir.

- Entendí.

-Y...

- ¿Y qué, padre?

- Sergiño, te conozco muy bien. Si no has tocado más el tema es por eso que estás preparando alguna cosa.

- No es nada de eso, papá...

- No nos engañas, ni a mí ni a tu madre, que está muy preocupada.

- ¡Te preocupas mucho, para nada! La motocicleta no es muy peligrosa...

- No voy a hablar más del tema de las motos, Sergio. Es muy peligroso, y no soy yo quien lo dice, ellas lo son, estadísticas de hospitales y comisarías. Lo que quieras, búscalo y encuéntralo. Así que no voy a hablar más de este punto, lo que quiero saber es si entiendes mi punto de vista, si todo te queda claro y si sabes las consecuencias si insistes en insistir con nosotros.

Sergiño se enfurruñó. Esa conversación lo irritó profundamente. ¿Por qué el padre tuvo que volver al tema? El señor Felipe insistió:

- ¿Y luego?

- Mira papá, si creo que debo comprarme la moto, ¡la compro y listo! En veinte días cumpliré dieciocho años y podré tomar mis propias decisiones.

- Me da igual si tienes dieciocho, veinte o treinta años, Sergio. Mientras estés aquí, bajo mi responsabilidad, debes respetar las normas, y esto está claro: nada de motos.

Sergiño permaneció en silencio. Y como Felipe sintió que su hijo le había sido infiel, terminó la conversación con la decisión:

- Muy bien, quieres seguir insistiendo con esta historia, ¿no? Entonces tendré que hacer mis propios arreglos. A partir de este mes no habrá mesada para ti. Está suspendido.

El padre salió de la habitación antes que Sergiño dijera algo. Cerró la puerta y se dirigió a la sala de estar.

Escuchó a Sergiño gritar en la habitación:

- ¡No es justo! ¡No es justo!

Doña Eugenia estaba en la habitación y preguntó con la cabeza qué había pasado. Él le dijo, pero ella no quedó satisfecha:

- Eso no me tranquiliza, Felipe. Creo que está preparando una de esas...

- Lo sé, Eugenia, vamos a hacer todo lo que podamos, todo lo que podamos.

Sergiño salió de la habitación dando un portazo. No miró a sus padres cuando pasó por la sala y al salir también llamó a la puerta principal de la casa. Estaba furioso y bajó las escaleras pensando: "¡Me alegro de haber tomado mi decisión! Ahora necesito encontrar una forma de conseguir dinero para combustible!"

Fue a la casa de Susana, donde guardaba la moto, y se fue irritado. Acelerando con todas sus fuerzas se dirigió al ensayo en casa de Renato.

Doña Eugenia permaneció preocupada y pensativa. Estaba buscando mentalmente una manera de influir, cuidando de su hijo, sin encontrar; sin embargo, ninguna salida. Sueli se unió a su madre y pronto se dio cuenta que estaba angustiada:

- Mamá, ¿estás preocupada por Sergiño?

- Sí, Sueli, tu hermano no tiene remedio.

- ¿Comprará la moto, mamá? ¿Será?

- Eso creo hija, si aun no la ha comprado...

- ¿Tú crees eso, mamá? ¿Por qué?

- Supongo, por la forma en que evita mencionarlo... creo que ya la compró, sí...

- ¿Y ahora? ¿Qué vamos a hacer mamá? Tengo miedo por él...

- Yo también, Sueli. Sigamos pidiendo a Dios por tu hermano. Que nuestro Padre lo cuide y lo proteja. Y qué podemos hacer. Y si descubres algo, dímelo, ¿no?

- ¡Por supuesto, mamá! ¡Por supuesto!

Era el día del Evangelio en el Hogar y doña Eugenia le pidió a Felipe que participara. Sin mucha discusión, aceptó y por primera vez los cuatro juntos tuvieron una noche de oración y estudio de las enseñanzas de Jesús.

Cuando regresó a casa, Sergiño ya tenía una idea de dónde conseguir el dinero.

Entró muy lentamente y notó que todos ya estaban acostados. Fue a la habitación de su hermano y vio la luz encendida. Entró, Fabio, escondido de sus padres, jugaba videojuegos. Doña Eugenia ya le había dicho varias veces que no debía hacer eso y él se mostraba testarudo. Sergiño sabía que su madre se lo había prohibido, que todo tenía que llegar a su momento. Fabio tuvo una época en la que podía jugar y no era esa. Era pasada la medianoche y si su madre supiera que la estaba desobedeciendo, quitaría el televisor de su habitación. Por eso el niño se asustó cuando su hermano entró a la habitación; intentó apagarlo todo, pero no hubo tiempo.

-Qué bueno, eh, Sr. Fabio,¿ jugando videojuegos en este momento?

- ¿No se lo vas a decir a mamá, verdad, Sergiño?

- No lo sé, no lo sé... estoy aquí pensando...

- No le cuentes, por favor... Va a sacar la televisión de mi habitación...

- Yo sé. Ella ya te dijo eso... Y todavía estoy pensando en qué hacer...

- No le cuentes, Sergiño, por favor... Haré lo que sea, haré lo que tú quieras; ella me va a castigar...

- Y quitar la tele de tu habitación, y prohibirte salir durante dos o tres semanas, y...

- ¿Se lo vas a decir?

- Tú decides.

- ¿Qué hay de mí?

- Necesito algo de dinero extra, solo hasta mi cumpleaños... Necesito tu mesada...

- ¡De ninguna manera! ¡No, es mi asignación! Tú tienes la tuya...

- Está bien - dijo Sergiño, haciendo ademán de salir de la habitación -, quédate tranquilo con tu mesada, sin poder salir de casa...

- ¡Vale, qué chantajista eres, solo porque soy el más joven!

- Después de mi cumpleaños te la devolveré.

- ¿Realmente la devuelves?

- Te la devolveré.

- Entonces bien, papá me la dará mañana por la noche y luego te la daré a ti.

- ¡Cerrado! Es bueno hacer negocios contigo.

- ¡Me obligaste!

- No, fuiste tú quien aceptó.

Sergiño se despidió de su hermano y salió satisfecho de la habitación. Había logrado su objetivo. No haría falta parar la moto por falta de gasolina.

Capítulo 10

Advertencia

A MEDIDA QUE SE ACERCABA el gran día del estreno, los ensayos se hicieron más largos, provocando que los cuatro amigos dedicaran cada vez más horas a la preparación; ¡realmente querían que todo fuera perfecto!

Sergiño andaba alegremente arriba y abajo en su moto; Sin embargo, se cuidó que nadie de la familia se enterara. Eligió rutas alternativas y estacionó la moto lejos de la escuela, para para que su hermana no la viera.

En casa, la conversación entre Felipe y su hijo siguió el silencio sobre el tema. Doña Eugenia y su marido sospecharon y supusieron que el muchacho ya había comprado la moto. Los padres siempre sienten; por mucho que los chicos crean que ocultan lo que hacen, ellos lo notan. Es el sexto sentido, fruto del amor y la responsabilidad que tiene hacia los jóvenes.

A veces, para Sergiño y sus amigos parecía, molesto y fastidioso, sobre todo cuando los padres insistían en un determinado tema que los jóvenes querían ocultar a toda costa. Siempre hay pequeños secretos, y grandes también, y nunca se sabe cuáles son los más peligrosos. Pero los padres lo saben, y de un momento a otro, lo que parecía tan bien cuidado, aparece fuera de control. Doña Eugenia sufrió ese silencio y oró mucho por su hijo, compartiendo sus miedos y preocupaciones con su marido y en ocasiones con Sueli, quien, siempre junto a su madre, comprendía su angustia. Sin embargo, sabía que insistir con su hijo sería peor. Necesitaba saber qué estaba pasando y permaneció atenta a cada uno de sus movimientos.

Aunque notó la preocupación de sus padres, Sergiño intentó no pensar en el malestar que le afectó al entrar a la casa. Siempre que estaba en la mesa con la familia, escondiendo el tema de lo que estaba haciendo, se sentía extraño, incómodo. Pero en cuanto bajaba las escaleras de casa, doblaba la esquina y se subía a la moto, las molestias desaparecieron. Al conducir, su sensación de libertad crecía y su sed de aventuras aumentaba.

Su novia, ignorando los peligros, lo animó a actuar imprudentemente. Paula era una mujer joven de ojos color miel, bella y atractiva. Su rostro estaba delineado por cabello castaño oscuro, eso contrastaba con su piel clara y sedosa. Sin embargo, tenía una mirada triste, que disimulaba con actitudes audaces e irreverentes. En su familia, en sus padres, no encontró el cariño y la comprensión que necesitaba. Varios problemas de relación interfirieron en esa complicada familia. Paula era hija única y heredera de una pequeña fortuna que sus padres ya habían heredado y amasado. Aun así, eso no la satisfizo. Ella siempre quiso más, llenar algo dentro de ella que no sabía.

Paula parecía no tener miedo de nada y actuaba como si no estuviera contenta con la vida. Deliraba cuando Sergiño conducía a gran velocidad o cuando hacía maniobras peligrosas con la motocicleta. Empezaron a viajar inesperadamente después del ensayo, hacia algún lugar más o menos lejano, y regresaron casi al amanecer.

Sergiño se dejó envolver por la deliciosa sensación que le producía hacer aquellas locuras y mejoró su control sobre la máquina, que cada vez obedecía mejor sus órdenes.

Una noche, Paula le sugirió que le diera máxima potencia a la moto, para ver cuánta aguantaba, y desde atrás gritó:

- ¡Ve más rápido, hombre! ¡Más rápido!

Aceleró y la muchacha gritó, emocionada:

- ¡Hurra! ¡Qué asombroso! ¡Más rápido! ¡A ver hasta dónde llega, Sergiño! ¡Veamos hasta donde este pequeño motor puede manejarlo! ¿Tienes coraje?

Sin responder nada, Sergiño aceleró más. Al notar que el motor respondía, aumentó la velocidad. Y cada vez más. Estaba decidido a alcanzar el máximo y no frenar ni siquiera en las curvas, que de hecho eran su mayor desafío en la derecha, luego izquierda, otra vez para la izquierda. Sergiño conocía bien el recorrido y antes de llegar a la curva se preparó mentalmente por el movimiento que tuvo que hacer. Paula vibró en la espalda, aferrada a su novio.

En un momento en que la velocidad era altísima, soltó las manos y abrió los brazos, para sentir mejor el viento. ¡La sensación de libertad fue maravillosa! Sergiño perdió un poco la concentración, preocupado por su novia, y cuando entró en la siguiente curva... ¡Qué patinazo!

Perdió el control de la moto, que salió mal en la curva y cayó, tirando a todos hacia un lado y siguió arrastrándose calle abajo, hasta detenerse. unos metros más adelante. ¡Fue una caída tan grande!

Todo pasó tan rápido que el chico no pudo hacer nada y en un breve segundo ambos estaban en el suelo.

Tan pronto como logró recuperarse un poco del susto, se puso de pie, blanco como el papel alcalino, y corrió hacia su novia. Paula estaba un poco mareada y temblando por completo. Sergiño la sacó de la calle y sintió, la encontró en la acera.

A los pocos segundos, otros motociclistas se detuvieron y un coche que iba detrás también se detuvo. Al poco tiempo, los dos estaban rodeados de gente. Sergiño recordó entonces que no tenía documentos e intentó deshacerse rápidamente de todos, asegurándose que estaban bien, aunque Paula todavía parecía aturdida. Por suerte, la moto estaba intacta, solo había sufrido algunos rayones. Cuando estuvo libre, el chico se subió a la moto con Paula y desapareció. En el camino, él habla con ella todo el tiempo y le pregunta si realmente se encuentra bien. Cuando la dejó en casa esa noche, se quedó pensativo y asustado.

Entró con la cabeza gacha; el color aun no había regresado por completo a su rostro. Al pasar por la habitación, se encontró cara a cara con su madre, su hermana y su hermano. Estaban listos para comenzar la lectura semanal del Evangelio que hacían juntos.

Sergiño, que notó la pregunta en los ojos de su madre sobre lo sucedido, se sentó en el sofá. Decidió participar con ellos y, de esta manera, silenciar a su madre ante cualquier pregunta. Es más, en ese momento sentía unas ganas enormes que lo abrazaran.

Durante la oración de su madre, lo envolvió un sentimiento extraño y quiso llorar. Mientras la madre leía un breve pasaje del Evangelio, pensó y pensó en lo que acababa de ocurrir.

Poco a poco se calmó y se dio cuenta del peligro por el que había pasado.

Pensó en la vida, en su familia y en todo lo bueno que tenía. Reflexionó que debía cuidarse más, pues aun tenía mucho por lograr, su vida apenas comenzaba. Miró a su madre y a sus hermanos con cariño y se dio cuenta, en ese momento, de lo mucho que los quería. Le entristecía más estar mintiéndoles, engañándolos de esa manera.

Cuando se fue a la cama esa noche, sintió que tenía algo que ver con su vida, que era más de lo que podía ver. Preocupado por el hecho que estaba ocultando la historia de su motocicleta, y preocupado por la caída que había sufrido, decidió que a la mañana siguiente le contaría todo a su madre; ella tendría que entenderlo y él le prometería, de todo corazón, ser más cuidadoso, más atento al conducir.

Prometiéndose cuidarse a sí mismo de ahora en adelante, Sergiño se quedó dormido.

A la mañana siguiente, apenas doña Eugenia se levantó, sonó el teléfono. Fue una llamada de Paula a su novio. Llamó a la puerta del dormitorio de su hijo y advirtió:

- Sergiño, teléfono.

Ninguna respuesta. Sergiño seguía durmiendo. Después de llamar de nuevo, la madre habló un poco más alto:

- Sergiño es Paula.

El joven abrió la puerta medio dormido y tomó el teléfono en manos de su madre.

- Y Paula, ¿cómo estás?

- No, Sergiño, no me encuentro nada bien. No dormí en toda la noche con el pecho palpitando. Parece que algo está roto por dentro.

Aun atónito, el chico intentó entender lo que Paula le decía:

- ¿Qué podría ser?

- No lo sé, Sergiño; estoy pensando que podría ser de la caída de ayer. No quiero decirle nada a mi madre para no asustarla. ¿Qué crees que deberíamos hacer?

- Me voy a ahora mismo. Prepárate, vamos al hospital. Necesitas ver al médico. ¡Deberíamos haber ido ayer!

- Es que ayer me sentía bien... Y ¿cómo estás tú?

- Bien, Paula. Tenía miedo, pero ahora estoy bien. Te veré en una hora.

- Está bien. Estoy lista.

Sergiño colgó preocupado el teléfono. ¿Paula habría sufrido algún daño en el accidente? Recordó que a veces, luego de un gran susto, el cuerpo camufla las lesiones, por tanta adrenalina que se arroja a la sangre, para mantener a la persona alerta. ¿Y si eso fuera todo? ¿Y si Paula tuviera un problema grave?

¡Él habría sido la causa de todo! Con miedo y culpa corriendo por su mente, terminó de prepararse y, se quedó sin tomar café. Tenía prisa por ver a Paula.

Cuando su madre, al verlo partir, le preguntó si todo estaba bien, ella respondió disimulando su ansiedad:

- Por supuesto, mamá, está bien. Es que tenemos algunas cosas importantes de qué hablar, sobre el programa, y Paula me pidió que fuera temprano a la escuela para intercambiar algunas ideas antes de clase. Pone nerviosos a todos, ¿sabes?

- ¡Sí, hijo, me imagino! ¡Es el momento en que ambos estábamos esperando que llegara!

- No hables, mamá. ¡Es en tres días! ¡Todos se están emocionando!

- Todo estará bien, hijo.

Sin decir nada, Sergiño sonrió. Doña Eugenia fue una madre muy cariñosa. Una vez más, avergonzado de ocultarle los últimos acontecimientos, se fue rápidamente.

Sin perder tiempo, Sergiño llevó a Paula al médico y le contaron todos los detalles del accidente. Luego de examinarla minuciosamente, solicitó una serie de pruebas; podría haber algún tipo de lesión interna que solo se detectaría mediante una tomografía computarizada de tórax completa.

- Realiza el examen, obtén los resultados y regresa lo antes posible. Si hay un problema interno, lo sabremos después del resultado. Y podría ser de serie.

Asustada, la chica salió del consultorio del médico y de inmediato fue a hacerse pruebas. Casi no hablaban, angustiados y temerosos de lo que le pudiera estar pasando a Paula. Con seguridad, la enfermera les aseguró que los resultados estarían listos al día siguiente.

Del hospital, Sergiño y Paula fueron a su casa y pasaron la tarde juntos. Acordaron no decirle nada a nadie hasta recibir los resultados. Sin embargo, al día siguiente Paula se sintió mucho mejor, el dolor casi había desaparecido. Aunque su novio le pidió precaución, ella ya estaba de buen humor y quería ensayar..

- Tranquilízate, Paula. No te fuerces.

- No te escucho, Sergiño. Estoy mucho mejor. Casi no siento dolor; solo un pequeño malestar.

- Espera hasta mañana, Paula. Los resultados saldrán más tarde y entonces estaremos seguros que todo está bien.

- ¿Y los ensayos, Sergiño? ¡Ayer casi no pude cantar y la actuación ya es pasado mañana! ¡No habrá tiempo, no!

- Está bien, Paula, ¡pero tómatelo con calma, sin forzar!

- Puedes estar tranquilo. ¿Y cómo van los preparativos de la fiesta? ¿Está todo listo?

- Casi. Mi madre se encarga de todo. Contrató a una chica que organiza fiestas y está ayudando, se ve genial. Elegí los detalles de la decoración, ¿recuerdas de lo que hablamos la semana pasada?

- ¿Y no es genial?

- Eso creo, porque no lo he visto todo terminado. Mi madre dijo que era genial.

- ¿Y el salón? Tenemos que ir mañana para coger todo el equipo y hacer un ensayo general, comprobar la acústica, ese tipo de cosas.

- Todo está bien también. Mañana, después de comer, podremos empezar a llevar el material hasta allí. ¡Y podremos ensayar todo el tiempo que queramos!

- ¡Imagínate! ¡Va a ser maravilloso, Sergiño, estoy segura!

- ¡Por supuesto que lo será! ¿Tienes alguna duda?

Una vez más los ensayos terminaron tarde en la noche. La banda estaba de buen humor y tocando muy bien. La dedicación y el esfuerzo del grupo estaban dando sus frutos y el espectáculo debut prometía ser un éxito.

Paula iba mejorando cada vez más como vocalista y Sergiño, que ya estaba enamorado de su novia, había quedado fascinado con su talento para la música. El día tan esperado se acercó rápidamente.

Capítulo 11

Otro aviso

LA FAMILIA SE PREPARABA con entusiasmo para aquella fiesta: Sergiño iba a cumplir dieciocho años. Mientras preparaba el café aquel viernes por la mañana, doña Eugenia pensaba si todos los detalles de la fiesta estaban en orden. Repasó mentalmente todo lo que necesitaba para ultimar para que el sábado la celebración fuera muy especial, inconfundible. Sobre todo quería ver a su hijo feliz y realizado. Sabía que para él la actuación de la banda sería lo más destacado de la fiesta; aun así, quería que todo lo demás fuera perfecto.

Entre un elemento y otro de la lista mental que la guiaba, pensaba en su hijo. Lo recordaba desde pequeño: sus primeros pasos, sus primeras palabras, su primer día de colegio, sus primeras dificultades con sus compañeros, su primera novia. Su hijo se estaba haciendo hombre y ella sentía una pizca de miedo por él. Sabía que la vida era como un viaje desafiante, y pensaba si estaba haciendo su parte, como madre, para preparar a su hijo para afrontarlo sabiamente. Pensó que a veces era responsable de la terquedad de Sergiño. De repente recordó el tema de la moto, que seguía molestándola, e inmediatamente un extraño escalofrío recorrió su cuerpo. Eugenia, angustiada por este presentimiento, dejó lo que estaba haciendo y fue a su habitación a orar. Deseaba que esa incómoda ansiedad desapareciera.

Después de unos momentos de oración silenciosa, regresó a la cocina. Sergiño ya estaba desayunando.

- Buenos días, mamá.

- Buenos días, hijo mío. ¿Cómo estás? ¿No llegas tarde?

- Todo está bien, señora Eugenia. Hoy no voy a la escuela; vamos a llevar el equipo de sonido y todo el material a la sala. Vamos a ensayar toda la tarde. Después de todo, y mañana es el gran día.

- Sí, hijo mío, mañana es tu cumpleaños. Será incluso un día muy especial...

Al notar un tono de melancolía en la voz de su madre, Sergiño preguntó:

- ¿Qué pasó, mamá? Pareces triste...

- Triste, no, estoy preocupada.

- ¿Con qué? - insistió, mientras comía el pan y tragaba la leche.

-Contigo, Sergiño, aunque no sé exactamente por qué. ¡Cuídate, hijo mío, cuídate!

- ¡Está bien, mamá, mastica algo! ¿Por qué esto preocupa ahora?

- No sé... Estaba aquí pensando en ti, desde pequeño, en cómo te estás convirtiendo en un hombre y, de repente, me acordé de toda esa historia de la moto y me sentí triste.

Sergiño se quedó helado. ¿Se había enterado su madre?

- Pero, ¿qué te molesta?

- No sé. Quiero que seas feliz, hijo mío, y eso es todo.

Abrazando a su madre con mucho cariño, le dijo:

- ¿Tienes miedo que tu hija crezca aquí, verdad madre? ¿Ya extrañas cuando era pequeño? ¿Cuándo podías controlar mi vida?

- Quizás sea así, hijo. Es difícil para mí creer que ya tienes dieciocho años. Ayer mismo había un niño corriendo por la casa. Y ahora... Eres casi un hombre adulto.

Las lágrimas brotaron de los ojos de doña Eugenia, impidiéndole continuar. Sergiño volvió a abrazarla con cariño.

- Mamá, te amo, ¿ves? Siempre seré tu chico, solo un poco mayor.

Doña Eugenia no respondió. Se limitó a abrazar a Sergiño y besarlo tiernamente en la mejilla.

Cuando terminó su desayuno se despidió de su madre y Sueli, que acababa de levantarse. Abrazando fuertemente a su madre, dijo:

- Nos vemos luego, mamá. ¿Vas al salón esta tarde?

- Quizás no sea necesario. Amelita está organizando la fiesta y creo que todo va bien. Voy a llamar a algunos amigos y expresar su presencia; incluida tu tía, que debería venir a tu cumpleaños.

- Eso está bien, mamá. Así que nos vemos esta noche. Hasta más, Sueli.

Besó a su hermana en la mejilla, se fue apresuradamente y bajó las escaleras corriendo. Luego de coger la moto, se dirigió directamente a la casa de Renato. Los amigos estaban todos allí, emocionados, tratando de ocultar su ansiedad. Ya estaban empacando el equipo cuando llegó Sergiño. Uniéndose a los demás, rápidamente finalizaron la organización y dos horas después estaban desempacando todo en el salón, donde harían su debut.

Paula encontró allí a sus amigos y Sergiño se sintió más aliviado al verla:

- Estaba preocupado por ti. ¿Todo bien? ¿No nos encontrarás en casa de Renato? Pensé que te sentías mal.

- Y eso fue.

- ¿Otra vez el dolor?

- No. Nerviosa. No pude comer nada y me puse a vomitar, sacó todo lo que tenía en el estómago.

- Pero, ¿por qué?, ¿qué tienes?

- Nerviosa, te lo dije. Cada vez que me pongo así de tensa, se me forma un nudo en el estómago que no puedo controlar. Ya estoy tomando un tranquilizante natural, para intentar relajarme.

Sergiño suspiró aliviado. Después del almuerzo, los dos abandonaron el grupo y fueron a buscar los resultados de las pruebas. Aunque Paula ya no sentía nada, querían asegurarse que realmente se encontraba bien.

Tan pronto como se hicieron los exámenes, acudieron al médico que los había ordenado. ¡Qué alivio! ¡Estuvo bien! No aparecieron problemas. Aun así, examinó de cerca a Paula y concluyó:

- Debe haber sido el susto, mucho nerviosismo. Estás bastante tensa, ¿no?

- ¡Si lo estoy, no tienes idea!

- Imagínate, sí. Debe haber sido la tensión lo que causó el dolor. Pero está bien. Ahora cuídense mucho. ¡La motocicleta es un peligro!

Salieron del consultorio ignorando por completo las últimas palabras del médico. ¡Esa sombra de inquietud había desaparecido por completo y por fin pudieron disfrutar de ese día tan especial como nunca antes!

Faltaban pocas horas para el gran evento. Paula y Sergiño, tras salir de la consulta del médico, estaban felices.

- Esto requiere una celebración, Sergiño.

- Vale, después del ensayo, Paula.

- ¡No ahora! Necesitamos celebrar. Y creo que beber un poco me hará bien.

- Pero la gente está esperando.

- Llámalos y dile que ya vamos. Es un poquito, vamos, Sergiño...

Contento con los resultados de las pruebas, Sergiño decidió congraciarse con su novia, a quien nunca podrá contradecir. Y, al fin y al cabo, ¿qué daño habría en una o dos cervezas?

En el camino se detuvieron en un pequeño bar que solían frecuentar.

- ¡Empecemos con una cerveza fría! - Pidió Paula, apenas se sentó en la silla.

Luego empezaron a beber. Al principio Sergiño solo quería una cerveza, consciente que conduciría él. Sin embargo, poco a poco, sin darse cuenta, empezaron a dejarse vencer por la euforia, por la satisfacción de ver que la salud de Paula estaba en orden. La sensación que lograrían lo que quisieran también era intensa. ¡Tenían la sensación de poder hacerlo todo! Que el mundo les sonreía y les pertenecía. Sergiño, que había estado un poco tenso, empezó a relajarse tras la segunda cerveza y pensó que tenía todo bajo control, como quería.

Se relajaron cada vez más y pidieron una nueva ronda de cerveza. Se sintieron más que estaban satisfechos, continuaron bebiendo, ignorando el tiempo que pasaba y el peligro en que se veían envueltos. Bebían sin darse cuenta de hasta qué punto estaban bajo los efectos del alcohol.

Capítulo 12

Celebración inconsecuente

DOS HORAS Y UNAS CERVEZAS después, sonó el celular de Sergiño:

- ¿Dónde estás, Sergiño? ¡Hemos estado esperando aquí durante más de dos horas! ¿Qué pasó? ¿Estás bien?

Era Renato, preocupado e irritado con sus amigos. Sergiño intentó explicar que se habían tomado un descanso para celebrar, y fue entonces cuando Renato se irritó aun más:

- Genial, ¿eh? Ustedes beben, mientras nosotros nos quedamos aquí esperando en el calor. Al menos podrían habernos traído unas frías, gente egoísta.

- Ah... Y eso es lo que obtienes, ¿verdad? No porque ya está, Renato, vamos ahora mismo a tomarnos unas cervezas bien frías.

- Pero a ver si no tarda mucho, todos se quedan cansados de esperar y el tiempo va pasando, ¡necesitamos ensayar!

Sergiño y Paula salieron inmediatamente, asustados por el tiempo que había pasado sin darse cuenta. Lo peor fue que no se dieron cuenta ni les importó cuánto había bebido Sergiño. De hecho, ni siquiera pensaron en ello; simplemente pagaron la cuenta, se levantaron, se subieron a la bicicleta y se fueron.

Permanecieron eufóricos, bajo la fuerte influencia del alcohol. En plena avenida, Paula, insistente, instó a Sergiño a correr más para que llegaran rápido. Lo que realmente quería era vivir intensamente sus emociones. Sin pensar en las consecuencias de sus acciones, con la mente y el razonamiento entumecidos, aceleró y aceleró... Sergiño no prestó atención al hecho que su percepción estaba significativamente reducida por la acción del alcohol en el cuerpo; una sensación ambiente agradable y relajante no le permitía observar lo que sucedía a su alrededor con la misma precisión que cuando no bebía. Y aumentó la velocidad de la moto sin darse cuenta que el suelo estaba mojado, con la ligera serenidad que da el café...

Aun a gran velocidad, no se dio cuenta cuando la luz giró. Solo tuvo tiempo de ver que el autobús que venía de frente se detenía de repente. Asustado, frenó de inmediato, pero con el suelo mojado la moto no pudo detenerse, impactó con mucha fuerza la parte trasera del autobús.

Desde el interior del colectivo, la gente escuchó el fuerte ruido de la motocicleta chocando contra la carrocería; y comenzaron los gritos, todos hablaron a la vez:

- ¿Qué fue eso, Dios mío?

- ¡Golpeamos algo!

- ¿Atropelló a alguien?

Mientras la gente intentaba entender lo que estaba pasando, el conductor, que había visto el choque por el espejo retrovisor, sin decir nada, se levantó de un salto, abandonó su asiento y rápidamente bajó las escaleras hasta la puerta principal. Antes que nadie lo viera, ya estaba gritando, asustado, detrás del autobús.

Momentos después todos habían bajado y un joven llamó a la policía pidiendo ayuda:

- Son dos jóvenes, y creo... no lo sé, no lo sé... Y será mejor que vengas rápido. Está feo... ¡Muy feo, Dios mío!

Paula salió despedida en medio de la calle y resbaló unos metros sobre el asfalto. Sergiño quedó atrapado en los herrajes de la motocicleta, atrapado en el autobús.

La llovizna que caía se convirtió en lluvia fina. Instantáneamente una multitud de personas se reunió alrededor de Paula y Sergiño, quienes permanecían inconscientes. Había tanta gente curiosa que quería acercarse a los dos que el equipo de rescate del departamento de bomberos tuvo dificultades para acercarse a ellos. En cuanto consiguieron hacerlo, los bomberos llamaron al hospital informándoles que el caso era muy grave.

La primera en ser vista fue Paula. Ella estaba boca abajo cuando llegaron, y al darle la vuelta se dieron cuenta de la gravedad del accidente, el casco que llevaba se había partido en dos, debido a la fuerza del impacto. La inmovilizaron y la colocaron en el vehículo de rescate. Inmediatamente acudió al hospital donde recibió primeros auxilios.

Llegó un segundo coche de rescate. Los bomberos trabajaron día y noche, luchando para salvar la vida del joven, aun atrapado en las cadenas de su motocicleta. Sergiño estaba perdiendo mucha sangre y trataron de detener la hemorragia mientras lo liberaban.

- ¿Alguien encontró algún documento? Tenemos que avisar a la familia - recordó el comandante de los bomberos.

- Tiene una mochila. Creo que tan pronto como podamos liberarla podremos encontrar alguna información.

Mientras hablaban, un celular empezó a sonar insistentemente. Al no responder nadie, el comandante empezó a buscar el dispositivo, que se quedó en silencio y luego volvió a sonar.

Un joven bombero encontró su celular tirado en plena calle, a pocos metros del lugar del accidente, y al contestar escuchó:

- Bueno, Sergiño, ¡llevamos más de una hora hablando y nada! ¿Dónde están chicos? ¡Esa falta de respeto!

- ¿Con quién quieres hablar?

- ¿De qué estás hablando? ¿Sergiño?

- ¿Con quién intentas hablar?

- Con Sergiño, pero creo que me equivoqué de número.

- Tal vez no. ¿Cuál es el tuyo Sergiño?

- Y amigo mío, ¿por qué?

- ¿Tiene motocicleta?

- Charrán.

- Bueno... Podría ser que éste realmente sea el celular de tu amigo.

Se hizo el silencio al otro lado de la línea. Al escuchar el zumbido y el sonido de las sirenas, Renato se quedó helado. El bombero continuó:

- Hubo un accidente con dos jóvenes cuyo nombre aun desconocemos; un hombre y una mujer. Aun no han sido identificados.

- ¿Será Sergiño?

- No sé decir. Solo sé que este celular estaba cerca del lugar del accidente, sonando sin parar.

- ¡Dios mío! ¿Puedo hablar con el chico?

-El accidente fue grave, ambos están inconscientes.

- ¿Dónde fue? Vamos para allá.

- No creo que sea una buena idea. Los estamos llevando a ambos al HC; es decir, al Hospital das Clínicas, para recibir atención de emergencia. Creo que es genial si vas allí. Estamos buscando documentos para identificación y localización de la familia. Espera un momento, mi superior inmediato está haciéndome señales.

Se apartó un momento el teléfono de la boca y su superior confirmó:

- El chico es Sergio Melo e Silva. Aun no podemos identificar a la niña, no tiene ningún bolso cerca.

El bombero volvió a su celular y ni siquiera necesitó confirmar:

- ¡Es Sergiño! ¡Es mi amigo! ¡Dios mío del cielo! ¿Es muy serio?

- Aun no conocemos su estado, pero es muy grave. Tanto él como la niña sufrieron heridas graves, pero están vivos...

Al otro lado de la línea, los jóvenes estaban desesperados.

- Mira, vamos a sacar al chico ahora. Hemos localizado el número de teléfono de la familia y nos pondremos en contacto. Necesito colgar.

Renato colgó el teléfono, atónito. No podía creer lo que escuchaba. Marcelo pidió más información cuando doña Eugenia entró en la habitación. Ella había acabado viniendo a dar los últimos toques a la decoración, ya que ella personalmente quería asegurarse que todo estuviera en perfecto orden.

Aunque todo salió bien, había pasado toda la tarde angustiada, con una inexplicable opresión en el pecho. Llegó con Amelita, quien la ayudó a organizar la fiesta. Sueli también vino con ellas.

-Hola chicos, ¿cómo están?, ¿qué pasó? ¡Estás blanco! ¿Dónde está Sergiño?

- Doña Eugenia...

- ¿Qué pasó, Renato? ¿Dónde está Sergiño?

- Es eso... - Marcelo intentó balbucear algunas palabras, sin poder.

- ¿Qué fue? ¿Sucedió algo? ¿Qué fue?

- Doña Eugenia... Sergiño...

- ¿Qué pasó? ¿Dónde está mi hijo?

- Tuvo un accidente, señora Eugenia. Acabamos de hablar con el bombero que lo está ayudando.

- ¿Bombero? ¡Dios mío! ¿Qué fue? ¿Qué pasó? ¿No debería estar aquí contigo? ¿No se juntaron?

-No.

- ¿Por qué? ¿Dónde estaba? ¿Qué pasó?

- Iba en una moto, señora Eugenia. Él y Paula estaban juntos.

- Paula, ¿en moto?

- No, Sergiño iba en moto.

- ¡¿De quién?!

- Suya. Compró la moto hace unos días.

- ¡Ay Dios mío! Dios mío, lo sabía, lo sabía. ¡Dios mío en el cielo, hijo mío! ¿Dónde está? ¿Dónde fue el accidente?

- Lo están llevando al Hospital de las Clínicas, junto con Paula - gritó Sueli -. Con el rostro pálido, Amelita no podía hablar. Sonó el móvil de doña Eugenia.

-Hola.

- Eugenia y Felipe.

- Felipe, Sergiño...

- Lo sé, voy a recogerte para ir al hospital.

- Felipe...

- Reza, Eugenia, reza.

Es imposible describir el dolor del corazón de una madre. La angustia y la desesperación que sintió doña Eugenia en ese momento eran indescriptibles.

Unos minutos después, doña Eugenia, el señor Felipe, Sueli y Fabio se dirigían al hospital. Permanecieron en silencio. El corazón de doña Eugenia latía salvajemente y tenía las manos frías; nadie fue capaz de decir nada. Tenían mucho miedo. Los amigos también iban allí.

Aunque no querían ni pensar, todos temían lo peor. Sergiño y Paula habían quedado inconscientes y su estado era muy grave.

Mientras se acercaban al hospital, la señora Eugenia sintió un dolor más profundo en el pecho y surgió una certeza: su hijo no sobreviviría. Sin embargo, junto a esta insoportable suposición, otra fuerza apareció en su alma. Miró a Sueli y Fabio, sentados en el asiento trasero, y apretó con fuerza las manos de sus dos hijos.

El movimiento en el vestíbulo del hospital fue intenso. La familia de Paula ya había llegado. La madre de ella, cuando vio entrar a doña Eugenia, empezó un montón de acusaciones:

- Todo es culpa de tu hijo. ¿Dónde se has visto? ¡Es un irresponsable! ¡Mi pobre hijita!

Doña Eugenia no dijo una palabra. Fueron enviados a la UCI, la famosa unidad de cuidados intensivos.

Fueron y allí recogieron las primeras informaciones:

- Su situación es muy grave. Actualmente se encuentra en cirugía. Intentamos detener varias fuentes de hemorragia, especialmente en la zona del pecho. Lamentablemente no puedo decir nada. Todo depende del organismo, de cómo reaccionará... Hay que esperar a que termine la cirugía. Si resiste, le haremos otras pruebas.

- ¿Cuánto durará la cirugía? - Preguntó Felipe, casi sin voz.

- No puedo decirlo. Depende de lo que encuentren los médicos.

Doña Eugenia apenas podía mantenerse en pie. Le temblaban las piernas.

- ¿Y Paula? La chica que estaba con él.

- Está aun peor. Sufrió un traumatismo craneoencefálico...

Doña Eugenia, ahora entre lágrimas que fluyeron en su cara, se lamentó:

- ¡Ay mi Dios! ¡Qué trágico! ¡Qué cosa tan terrible!

¿Por qué Dios mío tuvo que desobedecernos?

- ¡Ay hijo mío, eso es lo que hemos estado diciendo, exactamente eso! - Tartamudeó Felipe, igualmente angustiado.

- ¿Eres la madre del chico? - Preguntó el médico que los atendía.

- Lo soy.

- Le daré algún medicamento para calmarla. Sin fuerzas para responder, doña Eugenia lo miró simplemente. Sueli lloraba y Fabio apretaba con fuerza las manos de su hermana, aterrado. Adoraba a su hermano y sentía que su mundo se estaba desmoronando. No conocía esas emociones de miedo y dolor, pero la opresión en su pecho era tan fuerte que sentía como si fuera a estallar.

Los miembros de la familia. y amigos pasaron mucho tiempo en la sala de espera de cirugía. Cuando llegaron, el reloj marcaba casi las ocho de la noche. Ya habían pasado unas cinco horas de torturada espera y angustiosos interrogatorios.

Sobre las once de la noche, una enfermera pidió a los padres de Sergiño y Paula que la acompañaran. Solo padres. Los cuatro siguieron a la joven, quien los llevó al quirófano. Allí los esperaban dos médicos.

- Lamentablemente las noticias no son buenas. Siéntense.

- La operación de Sergio salió bien. Tenía más de ocho focos de hemorragia interna. Los suturamos a todos, pero perdió mucha sangre y, lo más importante, algunos órganos internos se vieron afectados. Presentan edemas, inflamaciones internas que nos impiden valorar plenamente la situación de cada uno de los órganos afectados. Tendremos que esperar y ver cómo su cuerpo reacciona.

- ¿Cuáles son las probabilidades? - Preguntó Felipe, vacilante.

- El estado es muy grave, muy grave. Pero es joven y se nota que goza de buena salud. Vamos a ver si puede reaccionar. Necesitamos esperar.

- ¿Y mi hija, cómo está? - Preguntó, entre lágrimas, la madre de Paula.

- Su caso es más complicado. Lamentablemente, debemos decir que las posibilidades son pequeñas. La madre de Paula, lloraba, desesperada.

- ¡Quiero verla! ¡Quiero verla! ¡No puede ser!¡No puede!

Tuvieron que sujetarla y la enfermera le trajo una pastilla, que tomó casi sin darse cuenta. Estaba totalmente fuera de control.

Renato, Marcelo y Tiago permanecieron en silencio, sentados al lado de sus familiares. No lo podían creer. Todo parecía un sueño; no, una pesadilla aterradora. Cosas así solo pasaban en las películas o con otras personas. No creían que realmente lo estuvieran viviendo.

- Creo que será mejor que te vayas a casa ahora y vuelvas mañana. Serán trasladados a la UCI y podrás verlos en horario de visita.

- ¡No! ¡Me quedaré aquí, cerca de él! - Dijo doña Eugenia, desolada.

- Eugenia, no sirve de nada. Vamos para casa.

- No, de aquí no me voy, Felipe, y no insistas. No hay nada que pueda hacer, lo sé, pero no hay ningún otro lugar en la tierra donde pueda estar ahora. Me quedaré.

- Me voy a quedar con mamá - dijo Sueli, aferrándose a los brazos de doña Eugenia.

- No hija, ve con tu padre.

- Quiero quedarme, mamá. No te quedarás aquí sola.

- Lo necesito, Sueli.

- Señor Felipe, si quiere las llevo a casa de un familiar... - intervino Renato, servicial.

- Creo que es mejor. Aquí está la dirección de mi hermano. Ya saben que tal vez mande a los chicos allá. Muchas gracias Renato.

- ¿Qué es eso, Felipe? Si necesitas algo más, estoy a tu disposición. ¡Quiero ayudar de cualquier manera que sea necesario!

- Gracias, hijo mío. Llévamelos. Yo te agradezco mucho.

Se despidieron de Sueli y Fabio, quienes a pesar de decepcionados, obedecieron. Cuando desaparecieron en el pasillo, Felipe se sentó lentamente junto a su esposa, quien lloraba suavemente y oraba sin parar por el hijo que tanto amaba.

Afuera, el ruido de los coches continuaba en la ajetreada noche del sábado. Los jóvenes hablaban y reían cerca de la ventana donde estaban los padres de Sergiño. Y doña Eugenia lloró y rezó sin parar.

A primera hora de la mañana vino el médico a informarnos que en unos minutos ambos serían trasladados a la UCI.

Cuando la camilla pasó por el pasillo llevando a Sergiño, doña Eugenia casi se desmaya. La cabeza del hijo estaba completamente vendada y había tubos que sobresalían por todo su cuerpo.

Luego le llegó el turno a Paula, también completamente envuelta en vendajes.

En la UCI, los horarios de visita eran estrictos. Por lo tanto, doña Eugenia y Felipe decidieron ir a su casa a descansar un poco. Volverían en el tiempo permitido para visitas. Sin embargo, en lugar de seguir recto, Felipe se dirigió al salón donde se celebraría la fiesta de su hijo.

- ¿Qué viniste a hacer aquí, Felipe?

- Necesitamos avisar que la fiesta está cancelada, Eugenia; no podremos llamar a todos los invitados, sino solo a los familiares más cercanos. Creo que será mejor que lo hagamos saber aquí. Por favor, no lo pongas en el coche. Vuelve ya.

El señor Felipe tenía la llave de la habitación. Entró, encendió unas luces y fue a buscar al guardia que pasó toda la noche allí. Se detuvo en medio de la habitación. Miró todas las decoraciones a su alrededor. Vio el equipo de la banda en el escenario y no pudo soportar el dolor. Se sentó allí mismo, en medio de la habitación, y sollozó profundamente. A los pocos minutos entró doña Eugenia en la habitación y, abrazando a su marido, lloraron durante mucho tiempo.

El guardia de seguridad vigilaba todo y no se atrevía a acercarse. Él también era padre y sabía del accidente.

No podía acercarse a la pareja... Solo de pensar en el dolor de aquellos padres, también lloraba a la distancia.

Cuando finalmente se recuperó, don Felipe le pidió al guardia de seguridad que informara a los invitados que se presentaban sobre el incidente, le diera su número de teléfono al guardia y, obviamente, les avisara que no habría fiesta.

Cuando regresaron al hospital para la visita, el vestíbulo estaba lleno de familiares y amigos que, sabiendo lo sucedido, quisieron ofrecer su solidaridad al matrimonio y saber más sobre la situación de los dos jóvenes.

La visita fue rápida, y solo pudieron entrar Felipe y doña Eugenia.

A medida que se acercaba a la camilla, doña Eugenia oraba cada vez más pidiendo fuerzas a Dios. Sostuvo la mano de Sergiño, la única parte de su cuerpo que estaba sin vendas. Ella la abrazó y le habló, entre lágrimas que incesantemente corrían por su rostro:

- Mi querido hijo, cálmate. Confía en Dios y piensa en Jesús. Él está siempre cerca de ti. Él te ama, hijo mío, ¡nunca lo olvides!

Ninguna reacción visible. Parecía estar durmiendo profundamente. Pero Sergiño, como si estuviera en lo más profundo de un abismo, confundido y apenas capaz de identificar las palabras de su madre, las escuchó a pesar que estaban muy lejos. Su mente estaba perturbada. No podía sentir su cuerpo correctamente y no sabía realmente qué le estaba pasando. Era como si estuviera soñando, sin poder despertar; como cuando tenía pesadillas y luchaba por despertar. Solo que ahora, por mucho que lo intentara, no podía despertar.

Después de una breve visita, caminaban por el pasillo de la UCI hacia la recepción cuando escucharon los gritos de miedo de la madre de Paula. Su marido, que también lloraba, y algunas enfermeras la sacaban de la UCI. Ella gritó de desesperación y angustia. Doña Eugenia y Felipe se miraron y sus corazones se aceleraron aun más. Una de las enfermeras bajó apresuradamente y doña Eugenia preguntó, un tanto vacilante:

- ¿La chica está peor?

- La niña acaba de fallecer.

Doña Eugenia se quedó sin palabras. Miró a su Felipe como si pidiera ayuda. La abrazó con fuerza y reflexionó:

- Mejor no hables con ellos ahora. Están sufriendo demasiado.

Doña Eugenia lo miró desesperada y no dijo nada.

TODAS LAS MAÑANAS que doña Eugenia se levantaba de la cama - porque dormir era casi imposible -, intentaba recuperar el ánimo y la confianza, pero sentía que su hijo no podía reaccionar. Dos días después de la muerte de Paula, Sergiño entró en coma, lo que debilitó aun más las esperanzas de sus padres y amigos.

Unos días después del accidente, la señora Eugenia había perdido peso visiblemente y estaba extremadamente deprimida.

Aunque buscaba fortalecerse en la oración y en la fe en Dios que siempre había alimentado, sentía que sus esperanzas disminuían cada vez más... Hasta que, esa mañana, mientras tomaba un café junto a sus hijos y su marido, sonó el teléfono, rompiendo el silencio absoluto en el que todos permanecían, resonó con fuerza por toda la casa.

- Déjame contestar - Felipe se levantó rápidamente, corriendo hacia el dispositivo.

Sin embargo, no tardó ni un segundo en regresar a la cocina con el rostro pálido y lágrimas corriendo por su rostro.

- Fue del hospital - dijo finalmente, después de un largo rato.

Hizo un gran esfuerzo por controlarse ante la mirada desesperada de su esposa.

- Y... - fue lo único que doña Eugenia pudo balbucear.

Don Felipe meneó negativamente la cabeza y dijo:

- Él se fue.

En el fuerte abrazo con el que envolvió a su esposa e hijos, ellos lloraron profundamente y durante mucho tiempo. Entonces Felipe respiró hondo. Tenía muchas medidas que tomar.

- Necesitamos que alguien se quede aquí contigo, Eugenia.

- Y alguien que te acompañe, Felipe. Sabes hay una pareja muy especial del núcleo espiritual, que me ha dado mucha fuerza durante todo este proceso. Llamaré al estrado. Me pidieron que los buscara si necesitábamos apoyo. Llamaré, necesitamos toda la ayuda ahora.

El señor Felipe no dijo nada, estaba demasiado agotado. Y no se arrepintió. Cuando llegó la pareja, quedó muy impresionado por el firme apoyo que le ofrecieron a él y a su familia.

Apoyado por la presencia fraterna de Eunice y Antunes, y de muchos amigos espirituales de la familia - que permanecieron muy cerca de ellos, a pesar de no poder ser visto con los ojos del cuerpo -, encontraron la fuerza para atravesar esos momentos de dolor y tristeza tan profundos que nunca pudieron traducirse en palabras. Solo aquellos que han perdido hijos o seres queridos pueden imaginar el inmenso sufrimiento que se esconde en las palabras.

Capítulo 13

Perturbación

SERGIÑO SE SENTÍA confundido y angustiado. Durante todo el período que estuvo en la UCI escuchó conversaciones lejanas, personas hablando sin entender lo que decían. A veces reconocía la voz de doña Eugenia y quería hablar con ella, pero no podía ni abrir los ojos. Sus sentimientos eran tumultuosos, no entendía lo que le estaba pasando. Sus pensamientos también estaban perturbados y desconectados. Lo único que recordaba claramente era el momento en que su motocicleta chocó contra el autobús. La terrible sensación de aquel shock lo acompañaba permanentemente, como si el accidente se repitiera a cada momento.

En ocasiones notaba figuras a su alrededor, sin posibilidad de identificar a nadie. Poco a poco las voces fueron disminuyendo y sintió como si estuviera cayendo en un profundo abismo. La angustia y la desesperación se apoderaron del chico, que luchó intensamente por despertar de esa pesadilla.

Entonces, de repente, se sintió un poco más ligero, más suelto. Y fue entonces cuando tuvo esa terrible visión: se encontró en una habitación oscura. Era la primera vez que veía algo a su alrededor. Algunas personas alrededor de una cama estaban cuidando a alguien. Intentó comprender lo que estaba pasando, y solo cuando la gente se alejó y pudo ver se dio cuenta, con horror, que él mismo era el ocupante de la cama. Su corazón se sentía fuera de control. Se quedó petrificado. Quería correr, pero no había manera de escapar de allí. Estaba atrapado. Hizo un gran esfuerzo para salir y quedó atrapado. Se miró inmóvil, acostado en la cama, y se preguntó, con el poco razonamiento que le quedaba:

- ¿Qué está sucediendo? ¡Por Dios, alguien necesita explicarme qué está pasando!

El silencio fue su compañero constante. Es silencio y oscuridad. Después de un tiempo que pareció interminable, volvió a sentirse un poco mareado, un poco aturdido, y lo siguiente que supo fue que estaba en otro lugar, esta vez con mucha gente a su alrededor. Vio a su madre, que lloraba con la cabeza gacha, abrazada a Sueli y a algunos familiares cercanos. Sergiño quería hablar con su madre. Y gritó desesperado:

- ¡Mamá, ayúdame!, ¿qué pasa? ¿Por qué estás triste?

Vio a Felipe, que también lloraba, y reconoció a familiares y amigos, todos allí presentes: Renato, Marcelo, Tiago y otros, muy tristes. Pensó angustiado:

- Después de todo, ¿qué está pasando? ¿Por qué no me ven? ¿Por qué no me hablan? ¡Dios mío, creo que sigo soñando y por más que lo intento no logro despertar!

Fue entonces cuando algunas personas se alejaron y él pudo ver, con angustia, ¡que aquel era su propio funeral! Se sintió mareado y con náuseas. Necesitaba despertar de esa terrible y desesperada pesadilla.

Y así Sergiño siguió toda la ceremonia. El único momento en el que sintió cierto alivio fue cuando Antunes y algunos otros amigos de doña Eugenia, que asistían al Centro Espírita, rezaron juntos una oración. En ese momento algo le hizo sentir un poco de paz. Los escuchó orar por él. ¡Sí! ¡Rezaban por él, Sergiño! Pidieron a Dios por él, para que tuviera paz y apoyo en la próxima vida que comenzaba. Sergiño escuchó todo con atención. Inmediatamente después de la oración, se sintió nuevamente envuelto por la desesperación y la agonía; y en medio de todo lo que no entendía, pensé:

- Dios mío, ¿qué broma es esta? ¿Me pasa a mí? ¿Por qué no puedo despertar? ¿Qué está sucediendo? ¿Esta pesadilla nunca termina? ¡Nunca antes, en toda mi vida, había tenido un sueño tan real y tan terrible!

Sergiño tembló de miedo y angustia, intuyendo, aunque inconscientemente, que tal vez todo aquello era real. Todo su cuerpo se sentía frío y, por mucho que lo intentara, no podía despertar de esa pesadilla.

Pasó algún tiempo antes que regresara ese extraño vértigo. Nuevamente, cuando se dio cuenta, estaba en un lugar oscuro y cerrado. Todos habían desaparecido y él estaba solo, en un profundo silencio y una terrible oscuridad.

Esta vez, trabajó aun más duro para despertar; luchó por moverse y no pudo. Sintió angustia e impotencia. Estaba solo, abandonado por todos los que amaba y no sabía por qué esa horrible pesadilla no terminaba. Estaba cansado, demasiado cansado... Y llorando convulsivamente, agotado, se quedó dormido.

Los días pasaron. Doña Eugenia y Felipe sufrieron profundamente la pérdida de su hijo. Fabio tuvo pesadillas y al amanecer acababa también en la habitación de los padres. Además, los dos no querían ir a la escuela, evitaban reunirse con amigos y familiares; en definitiva, atravesaban un grave momento de depresión.

Preocupada, doña Eugenia buscó fuentes para que no abandonara a los hijos más pequeños.

- Están sufriendo mucho, Eunice, no sé muy bien cómo actuar. Y a menudo me faltan fuerzas. Sé que desearías poder hablar más sobre lo que pasó.

Es gracioso, pero doloroso. Demasiado para todos nosotros. Entonces nos callamos. Es un tema que evitamos hablar.

- Sé que es difícil, Eugenia, pero quizás por eso a los chicos cada vez les cuesta más superarlo. El dolor es grande y para ellos, que aun son tan jóvenes, el impacto de tal realidad es muy fuerte.

- Y es fuerte e impactante para todos nosotros...

Doña Eugenia no pudo terminar. Empezó a llorar.

- Llora amiga, llora porque esto te va a pasar.

- No creo. Tengo tanto dolor en el corazón que podría llorar toda la vida, sin parar.

Y continuó, tratando de secarse las lágrimas que caían sin control:

- Evito pensar, ¿sabes, Eunice? Solo que cuando lo que menos espero es volver a ver todo lo que tengo ante mí. Todas las noches me encuentro esperando a Sergiño. Es terrible...

Eunice abrazó a su amiga y no dijo nada. Ella oró en silencio para que Dios la consolara, ya que solo el Padre podía ayudar a esa familia. Al cabo de unos momentos, doña Eugenia se calmó; y secándose nuevamente las lágrimas, preguntó:

- ¿Cómo estará, Eunice? ¿Dónde estará mi hijo? Tal vez esté bien, tal vez ya fue apoyado.
¡Lo pienso mucho! ¿Cómo llegó al otro lado? Era tan terco...

- Vamos pídele mucho a Dios por él. Sergiño está en oración en todas las reuniones de nuestra casa espiritual. Pidamos a Dios por él y por ti. Tendrá apoyo, Eugenia. Nuestros amigos espirituales escucharán nuestras oraciones y te ayudarán.

Sin decir nada más, doña Eugenia se despidió de su amiga y se fue a su casa. Esa noche reiniciarían el Evangelio en el Hogar. Habían pasado más de dos meses desde que Sergiño se fue y hasta ahora no había encontrado fuerzas para orar. Solo sentía cierto alivio en su alma cuando estuvo en el Centro espiritual que frecuentaba. Solo allí disminuiría su dolor, aunque sea por breves momentos. Aun así, hizo un esfuerzo por retomar el estudio del Evangelio en el Hogar. Aunque fuera solo una oración a favor de su hijo, sabía que tenía que hacerlo. Y estaban los otros dos que necesitaban apoyo.

Por otra parte, Felipe la preocupaba mucho; estaba amargado y enojado. Incluso habló contra Dios en varias ocasiones, y solo permaneció en silencio cuando ella lo amonestó. Sabía que el dolor de su marido era tan intenso como el suyo; pero si las luces de los cielos no pudieran tocarle el corazón, ¿cómo lo consolaría? E

Esa noche reanudó el servicio evangelístico. Solo lo hizo con Sueli. Las dos se sentaron en la sala y doña Eugenia estuvo un buen rato con la cabeza gacha, buscando fuerzas para empezar. Luego levantó lentamente la cabeza y miró a su hija, que la llevaba en brazos, con ojos húmedos y rojos. Tomó en sus manos *El Evangelio según el Espiritismo* y comenzó la lectura. Lentamente, muy lentamente, logró leerlo y luego oraron. Con gran dificultad terminaron sus oraciones.

En las semanas siguientes continuó haciéndolo. Y con cada nuevo encuentro, a pesar del dolor que persistía, se hacía más fácil orar. Poco a poco, las dos empezaron a sentirse consoladas y aliviadas durante sus momentos de oración. Fabio decidió participar también y los dos hijos poco a poco fueron mejorando y saliendo de su depresión.

Sin embargo, durante los minutos de estudio, doña Eugenia permaneció preocupada por el estado de su hijo fallecido. ¿Cómo reaccionaría Sergiño viéndose sin cuerpo físico, tan joven y tan lleno de sueños? Esto la preocupaba y oraba por su hijo todos los días, cada hora.

Sergiño, todavía conectado a su cuerpo físico, se despertaba y dormía, atormentado y perturbado. Cuando su conciencia se volvió más lúcida, sintió que su cuerpo golpeaba la carrocería del autobús y se desesperó. A veces oía voces, sin ver nada. La oscuridad era total. Y así permaneció mucho tiempo, hasta que poco a poco empezó a sentirse más despierto que dormido. Y fue entonces cuando el sufrimiento se reveló aun mayor; se imaginó atrapado en una pesadilla sin fin. Luego el recuerdo se volvió más claro y el razonamiento se volvió más coherente.

Pensó: "Recuerdo estar con Paula en la moto, saliendo de un bar, antes del accidente."

Visualizó todo lentamente y recordó el revuelo de antemano.

Su regreso; no vio nada, pero le vinieron a la mente algunas palabras sueltas. "Está muy mal; ¡apúrate! ¡Fue muy grave!..." "Hubo un accidente con dos jóvenes..." "El accidente fue grave. Ambos estamos en muy mal..." "Los llevaremos a ambos al hospital de las Clínicas..." "El niño es Sergio Melo e Silva."

Y reflexionó, tanto como pudo: "¿Qué me pasó? Recuerdo el accidente, la gente a mi alrededor, pero todo está tan confuso... ¿Podría ser...?

¡No, no es posible! ¡Si hubiera muerto, estaría en algún lugar y no en este extraño y negro vacío! No, eso no es posible. Debe haber alguna otra explicación. ¡Debo estar enfermo, no lo sé!"

El tiempo pasó y Sergiño se mantuvo fuerte temerosamente conectado al cuerpo físico, a través de cables fluidicos; por eso resonó en su espíritu el vacío, el silencio y la oscuridad que rodeaban el cuerpo que le había pertenecido; entonces no le era posible moverse ni entender nada.

Sin embargo, su conciencia se fue aclarando y la angustia y el tormento que sentía comenzaron a perturbarlo profundamente. Se acusó a sí mismo: "No debería haber bebido tanto. Debería haber tenido más cuidado."

En otras ocasiones preguntaba: "¿Por qué corría tanto? Si hubiera ido más lento, habría podido parar la moto a tiempo..."

Entonces pensó en su madre y, mentalmente, le preguntó: ¡Ayúdame! ¡Ayúdame! Cuando esto sucedió, doña Eugenia se enojó bastante. Inmediatamente se acordó de su hijo y se sintió angustiada y desesperada. Como esto le dolía mucho, comenzó a leer aun más, a profundizar en el estudio de la Doctrina Espírita, tratando de comprender mejor sus principios. Quería ayudar a su hijo y para ello necesitaba comprender su condición, saber más sobre él.

Compartiendo sus miedos y angustias con Eunice y otros amigos de la Casa espiritual con quienes estudió, continuó pidiendo oraciones y ayuda para Sergiño. Sabía en su interior que él no estaba bien. En una de estas conversaciones, más de ocho meses después de la muerte de su hijo, Eunice sugirió:

- ¿Por qué no van de visita tú y Felipe? ¿Estás con Chico Xavier?

- No lo haría.

- ¿Por qué no? ¿Quién sabe si participando en la obra de nuestro misionero del bien no obtendrán la gracia de comprender mejor?

- ¿Y por qué no hemos recibido noticias de mi hijo en nuestro trabajo?

- Sabes que las cosas no son así, Eugenia. No todo el mundo puede o es capaz de comunicarse, no todo el mundo puede hacerlo.

- ¿Lo ves? Entonces él debe ser realmente ir al Centro espírita. Si no puedes comunicarte es porque te sientes mal. He leído muchos mensajes de jóvenes fallecidos, dirigidos a sus padres. Siempre dicen que reciben apoyo y se están recuperando, y luego se comunican. Pero nada de Sergiño, ningún mensaje... Estoy preocupada, angustiada, Eunice. Siento que necesita ayuda. No aguantaré más si no tengo una luz, algo que calme mi corazón cuando...

- Vamos a la Casa de la Oración, en Uberaba. Visitemos a Chico.

- Pero, ¿ha ido a trabajar? ¿No es dulce y débil?

- Aunque muy débil, sé que todavía se queda a trabajar.

- ¿Y todavía escribe mensajes?

- No lo sé con certeza, Eugenia, solo siento que debemos ir allí. Déjamelo a mí, yo organizaré todo.

Vamos aprovecha y organiza una caravana para visitarlo. Hace algunos años que no vamos a Uberaba y muchos lo extrañan. Yo me encargaré de todo. Habla con Felipe, convéncelo. Déjanos el resto a nosotros.

Doña Eugenia sonrió, animada por el entusiasmo de su amiga. No entendía exactamente qué harían allí, pero sabía que ese hombre era un ser de gran amor y luz. Y rápidamente reflexionó que sin duda su presencia podría traerle algo de consuelo.

Esa noche llegó a casa decidida. Iba a hacer el viaje con o sin su marido y decidió hablar con él de inmediato.

- Ni se te ocurra, Eugenia. No me opongo a que vayas al Centro Espírita, pero no veo ningún beneficio en hacer ese viaje. ¿Para qué?
¿Qué vamos a hacer ahí? Sabes que no me gusta perder el tiempo. No, Eugenia, ni se te ocurra. Está fuera de la cuestión.

- Entonces iré sola, Felipe – respondió ella con firmeza en su voz.

El Sr. Felipe la miró seriamente. Se dio cuenta que ella había tomado una decisión y no respondió. Se acostó en la cama, se giró de costado y se quedó dormido. Doña Eugenia tardó un rato en conciliar el sueño, pensando en la decisión que ya había tomado y sintiéndose un poco insegura. Alrededor de las 6 de la mañana, después de dar muchas vueltas en la cama, también se quedó dormida.

Capítulo 14

Chico Xavier

EL DÍA PROGRAMADO para el viaje se acercó rápidamente. Doña Eugenia preparó todo para que la casa funcionara perfectamente en su ausencia. Dejó todo organizado y el día señalado se despidió de sus hijos y de su marido, quienes incluso en el último momento, molestos, discutieron:

- Sigo pensando que esto es una pérdida de tiempo y dinero, Eugenia. ¡No entiendo qué vas a hacer allí!

- Yo tampoco lo sé con seguridad, Felipe; lo que sé es que debo ir, debo ir. Por favor, no me preguntes más. ¿Será que no ves? Cualquier cosa que alivie mi dolor y me brinde paz al relacionarme con nuestro hijo me ayudará. Y el médium Chico Xavier es alguien muy especial. ¿Quiero saber si encuentro alguna luz en contacto con él...? ¿Quieres saberlo, Felipe?

- Buen viaje, Eugenia. Espero que encuentres lo que estás buscando.

- No sé muy bien qué estoy buscando, Felipe. O mejor dicho, sé que lo que más quiero son noticias sobre mi hijo. Tengo esperanza al saber que su vida continúa, aunque lejos de nosotros; que su muerte no fue el final...

Al notar las lágrimas que se formaban en los ojos de su esposa y sentir su angustia y tristeza, Felipe no dijo nada más. Se despidió de Eugenia, quien cuando ella se fue dejó a Sueli y Fabio entre lágrimas.

Durante todo el viaje permaneció silenciosa y pensativa. Oró pidiendo ayuda para ella y su familia. Pensó en su hijo y lloró.

El viaje transcurrió sin contratiempos. Llegaron temprano al Grupo Espírita de la Oración, el Centro espiritual donde trabajaba el médium. Ya había mucha gente presente, en fila. Allí, la madre de Sergiño conoció a otras mujeres que, como ella, sufrieron la pérdida de hijos. Conversó un poco con algunas y vio cuánto dolor también ellas guardaban en sus corazones.

Sin embargo, a pesar del sufrimiento, poco a poco fue envuelta por un suave consuelo. El dolor disminuyó ligeramente y experimentó una serenidad que le faltaba desde hacía mucho tiempo. Esperaron unas horas y, por fin, se acercaba la hora de empezar las obras: llegaba Chico Xavier.

- Ven, Eugenia, ven a ver a nuestro querido Chico.

Eugenia acompañó a Eunice y lo vio llegar, detenido por amigos, esa figura dulce y generosa. En cuanto lo miró sintió su grandeza y una luz la invadió dejándola aun más serena.

Las actividades de la tarde se desarrollaron como de costumbre: lectura del Evangelio, comentarios, oraciones. Doña Eugenia quedó extasiada ante tanta claridad que le bañó el alma. Incluso había olvidado, por un momento, el motivo central que la había llevado allí, su dolor y sus preocupaciones. Se sentía cómoda y apoyada, como si unas manos invisibles la tomaran en brazos. Ella sonrió por primera vez en tantos meses, mirando a ese hombre casi etéreo frente a ella.

Al final del trabajo; sin embargo, a Eugenia le esperaba una sorpresa. Chico Xavier había recibido algunos mensajes, uno de los cuales, en pocas palabras, estaba dirigido a ella. Pero, incapaz de moverse, repentinamente asustada, parecía pegada al banco. Fue Eunice quien se levantó, al notar la dificultad de Eugenia, y corrió a tomar su mano. Se lo entregó a su amiga, que ahora estaba llorando.

Abrió el pequeño trozo de papel con manos temblorosas y leyó el sencillo mensaje:

"No te atormentes más con nuestro chico. Vengo a ayudar. Sigue orando por él. Lívia."

Doña Eugenia leyó y releyó el breve mensaje unas doscientas veces, sin poder apartar la vista de aquel mensaje.

Al final, cuando todos regresaron, camino al hotel, Eunice le preguntó a su amiga, notándola más aliviada:

- ¿Y qué? ¿Qué dice el mensaje? ¿Es de Sergiño?

- No, Eunice, es de Lívia.

- ¿Quién es Lívia?

- Una sobrina muy querida que partió hace algún tiempo hacia la vida espiritual.

- ¿Y qué dice el mensaje?

Sin hablar, doña Eugenia le entregó el papel a Eunice, quien después de leerlo sonrió mirando a su amiga:

- ¿Estás más tranquila ahora?

- ¿Cómo es posible que un pequeño trozo de papel pueda traer tanto consuelo a nuestros corazones?

- No es el papel, sino la grandeza de la vida que siempre continúa, Eugenia.

- Gracias, Eunice. Venir aquí me ha renovado las fuerzas de una manera que nunca hubiera imaginado. Y si no fuera por ti y tu insistencia no habría venido.

- Creo que fue Lívia quien me inspiró.

- ¡Debe haber sido!

Cuando regresó, el corazón de Eugenia se ablandó por la nueva esperanza que se había encendido en ella. Sí, sabía que su preocupación estaba justificada: su hijo no se encontraba bien; pero ahora, con ese mensaje de su sobrina, estaba segura que recibiría ayuda. También redobló su valor para continuar el Evangelio en el Hogar y la oración por su hijo, como medio que tenía para ayudarlo, poniendo de su parte.

Cuando llegó a casa, fue esperada con impaciencia, incluso por Felipe, quien, fingiendo no creer en nada, guardaba en el fondo de su alma la esperanza que algo pudiera aliviar el dolor que él también sentía.

- Deberías haber venido conmigo, Felipe. Definitivamente sería mejor ahora.

- ¿Sergiño fue allí, mamá? - Preguntó Sueli, quien no dudaba de la posibilidad de comunicación entre quienes partieron a la patria espiritual y quienes aun están aquí.

- No. No vino, pero recibimos un gran regalo, hija.

- ¿Qué fue?

Esta vez fue Fabio quien preguntó, curioso. Sin decir nada, doña Eugenia entregó el mensaje a su marido.

- ¿Qué es eso?

- Léelo, Felipe. Léelo a todos, en voz alta.

Don Felipe leyó el breve mensaje y, cuando terminó, tenía los ojos llenos de lágrimas.

- Mamá, ¿es esa prima de papá?

- Sí, Sueli.

-¿La que soñaste, mamá?

- Sí, Fabio, ella misma.

El Sr. Felipe, aunque emocionado, no entendió lo que eso significaba. Entonces doña Eugenia contó a todos, detalle por detalle, lo sucedido: cómo se había sentido desde su llegada y todo lo sucedido esa noche.

Comenzó contándoles un poco más sobre Francisco Cândido Xavier, el querido médium de Uberaba.

- Mientras venía aquí, pude leer un libro que habla de la vida de este misionero del cielo. Él es real. Tiene una mente muy especial y desde muy pequeño estuvo preparado para la tarea que desempeña. Es baluarte del Espiritismo y servidor de Jesús.

Eugenia les contó a todos la historia de Chico Xavier, resumiendo lo que había leído sobre él y lo que le había encantado.

Finalmente, afirmó:

- Es realmente fascinante lo poco que leo sobre la vida de este médium. Sin embargo, lo que más me impresionó fue la vibración de energía pura y luminosa que sentí emanando de él. Parece que cuando llegó se encendió una luz donde estábamos. y es un verdadero misionero, de eso no tengo ninguna duda.

- ¿Sabías todo esto en el libro que leíste, mamá? - Preguntó Sueli, con la mirada atenta.

- Sabía algo, Sueli. Y también leí algunas historias de su vida, en este libro - Doña Eugenia sacó del bolso el libro *Lindas Casas de Chico Xavier* -, que es impresionante; aprendí mucho.

- ¡Déjame ver! - Fabio arrebató el libro de las manos de su madre.

- ¡Yo primero, Fabio, mi madre ya me lo estaba dando!

- Tranquila, Sueli, deja que Fabio mire, luego lo verás. El Sr. Felipe escuchaba todo en silencio, sin querer expresar la admiración que nacía en él por aquel hombre desconocido.

Doña Eugenia añadió también que ese mensaje era una respuesta clara a sus inquietudes. Y era en esto donde residía la mayor dificultad: explicarle a su marido el motivo de sus preocupaciones en relación con su hijo. No entendía y todavía tenía muchas dudas. Sin embargo, el mensaje fue claro. ¿Cómo podría haber alguna farsa en lo que había sucedido? ¿Cómo podría alguien saber sobre tu sobrina? Algo de verdad debe haber en todo eso, pensó Felipe al final de la noche. Mientras se acostaban, dijo a la esposa:

- ¿Cuándo vas al Centro?

- El miércoles.

- Entonces voy contigo, quiero conocer un poquito mejor.

- ¡Excelente! Qué maravilla Felipe. Sé que te hará mucho bien.

- Sabes que no me dejo involucrar en nada, Eugenia, no tengas expectativas. Solo entenderé mejor lo que te pasó en este viaje. Cómo es posible que alguien sepa esto de una persona como Lívia, y qué es lo que más me intriga.

- Sí, Felipe... Los muertos no están muertos, viven. ¡Lívia está viva! Y pudo enviarnos este amoroso mensaje para consolarnos.

El señor Felipe pensó mucho antes de quedarse dormido esa noche. Estaba intrigado y curioso, quería saber más. Doña Eugenia también tardó un poco en desaparecer el dolor. A pesar del profundo dolor que insistía en apretar su corazón, sentía una suave alegría por la decisión de su marido y estaba segura que se abriría una nueva etapa para ellos.

Días después, el señor Felipe acompañó a su esposa al Centro espiritual, así como la semana siguiente, y nuevamente la semana siguiente. Se interesó y estudió, convirtiéndose en un defensor más del Evangelio en el Hogar. Empezó a participar y no paró. Al menos Eugenia tuvo este consuelo: ahora toda la familia estaba reunida en torno al Evangelio.

Capítulo 15

La ayuda

EL ESTADO DE SERGIÑO empeoró; ya no dormía, estaba constantemente despierto. Escuchaba gritos y gemidos, sin tener la menor idea de dónde venían. Apenas podía moverse, sintiéndose atrapado sin saber dónde. Siempre estuvo rodeado de una espesa oscuridad que lo dejaba aterrorizado y desesperado. Pensaba todo el tiempo en su madre y le pedía que lo ayudara; no sirvió de nada: se sentía cada vez peor, no mejoraba...

Sospechó que no era un sueño, no podría ser, porque los sueños nunca duraban tanto y, por otro lado, no entendía lo que realmente estaba pasando. Había perdido todo sentido del tiempo y del espacio, a pesar de ser plenamente consciente de sus pensamientos y emociones. Su cuerpo también le parecía muy extraño: aunque no podía moverlo, lo sentía por todas partes y en cada una de sus partes. Podía sentir sus pies, sus manos, sin ningún movimiento. Se quería ir de ese lugar, pero no pudo. Y se desesperaba cada vez más.

No tenía idea de cuánto tiempo había pasado y sufrió un profundo agotamiento, llorando amargamente. Ese día, en particular, la desesperación fue mayor y empezó a recordar el culto doméstico que practicaba su madre. Recordó las oraciones, algunas lecciones que había escuchado y el anhelo por su madre fue aun más fuerte:

- ¿Qué está sucediendo? ¡Mamá, ayúdame! ¿Dónde estás? ¿A dónde fuiste? ¿Dónde está todo el mundo?

Alzó cada vez más la voz entre lágrimas, rota por los sollozos:

- ¡Dios, debe haber un Dios! ¡Ayúdame! ¡Dios mío! ¿Me estoy volviendo loco? ¡No entiendo qué está pasando!

- No, Sergiño, no te estás volviendo loco.

- ¿Quien dijo eso? ¿Dónde estás? ¡Por favor, ayúdame! ¡Estoy desesperado y es la primera vez en mucho tiempo que puedo hablar con alguien! ¡No te vayas, por favor!

- Cálmate, no estás solo.

- ¿Quién eres?

- Por ahora solo puedo pedirte que tengas paciencia y mantengas la calma. Pronto estarás mejor.

- ¿Que pasa conmigo? ¿Por qué no puedo verte? ¿Qué está sucediendo? ¿Como sabes mi nombre?

- Sergiño, ten fe en Dios, confía en él y pronto saldrás de la prisión en la que te encuentras.

- ¿Prisión? ¿Estoy en una prisión? ¿Por qué? ¿Qué hice? ¿Dónde está esta prisión que ni siquiera puedo moverme?

- No puedo explicarte nada más por ahora. Solo te pido que tengas paciencia y ores; ora para que podamos sacarte de aquí.

- ¿Orar? ¿Cómo? ¡No sé cómo orar correctamente!

- ¿Conoces la oración del "Padre Nuestro"?

- Padre nuestro que estás en los cielos... ¿Ésta?

- Así es. ¿Lo recuerdas todo?

- Más o menos, pero puedo intentarlo; mi madre siempre terminaba sus oraciones con esta oración.

- Así que concéntrate lo más que puedas y reza, piensa, orando con deseo y fe en cada una de las palabras de esta oración. Y pídele a Dios que te ayude. Pronto estarás libre. Ahora reza, Sergiño, reza.

- Por favor, al menos dime dónde estoy; ¿qué lugar es este?

No se escuchó ninguna respuesta; silencio absoluto.

Estoy allí de nuevo.

- Oye, ¿dónde estás? ¿A dónde fuiste? - Insistió Sergiño, angustiado.

Silencio.

- ¿Por qué no contestas?

Terminó aceptando que estaba solo otra vez. Lloró de ira, luego de angustia y nuevamente de enojo. ¿Cómo alguien podía dejarlo así, solo en esas condiciones? Finalmente recordó la oración que la suave voz le había sugerido y, conteniendo las lágrimas, comenzó a repetirla.

Al principio oró mecánicamente, hasta que una fuerza surgió de su interior, haciendo que las palabras adquirieran significado, y comprendió el significado de la oración. Luego pensó en el Creador en el Universo como nunca antes lo había hecho. Pensó que si Dios estaba en todas partes ciertamente podría ayudarlo. Pensó en la grandeza del Creador y en su amor, y empezó a calmarse. La fe en Dios brotó poco a poco en su joven y cansado corazón. Era solo una pequeña llama, pero estaba encendida. Cuanto más repetía mentalmente la oración del Padre Nuestro, más una nueva y buena emoción lo envolvió y luego lloró y oró sin parar.

Pasó mucho tiempo antes que Sergiño se calmara por completo, y fue entonces cuando notó una pequeña figura a lo lejos. Una figura confusa, rodeada de una suave luz, se fue acercando poco a poco, hasta quedar muy cerca de él.

- Dame tu mano, vamos. Extiende tu mano.

- ¿Quién eres?

- Dame la mano, Sergiño, ven conmigo.

Ante esa dulce petición, levantó las manos y tocó las delicadas manos extendidas hacia él.

- Muy bien. Ahora levántate.

Sin preguntar nada, y sin mucho esfuerzo, se levantó y en unos instantes estuvo al lado de aquella hermosa joven.

- Pero, ¿qué hay de ti? Tu cara me resulta tan familiar...

- Y somos familia, de verdad. Ahora vámonos, hablaremos más tarde.

- Viniste a sacarme de esta prisión para finalmente llevarme a casa, ¿verdad?

- En cierto modo, Sergiño.

- ¿Qué quieres decir con eso de cierta manera?

- Quiero que confíes en mí, por ahora necesitas descansar, dormir.

- ¡No, estoy cansado de dormir! ¿Qué pasa si duermo y vuelvo a ese horrible lugar? ¡No!

Sergiño vio acercarse otras figuras, una a una, y varias de ellas se definieron.

- ¿Quiénes son todas esas personas?

- Son amigos, vinieron a ayudarme a llevarte.

- ¡Esto es muy extraño! Quiero saber quién eres. ¡No iré a ninguna parte sin saber quién eres!

- Sergiño, mírame bien a la cara. Con atención. Intenta recordar dónde nos conocimos. Haz un esfuerzo.

Sergiño la miró por un momento, haciendo un gran esfuerzo, pues a su mente confusa y perturbada le costaba funcionar con normalidad.

- No lo consigo. No lo sé, simplemente me pareces familiar.

- Soy Lívia, tu prima. ¿Te acuerdas?

- ¿Lívia, mi prima?

Él la miró fijamente, decidido a intentar recordar.

- ¡Claro que sí, Lívia! Vi tu foto hace tiempo, y tú... ¡Pero hace mucho que moriste!... Qué chiste... Espera, explícame esto... ¿Cómo te hablo?

Lívia permaneció en silencio unos instantes y luego le dijo:

- Estás aquí con nosotros, Sergiño, también viniste aquí. Antes de tiempo, es verdad, pero ya estás aquí y nosotros cuidaremos de ti.

- ¿Quieres decir que... que morí? ¿Es eso? ¿Qué broma es esta?

- ¿Dudas de tus propios ojos?

En un breve momento todo vino a la mente del niño: el accidente, el velorio, la tristeza de los padres, el silencio absoluto, la angustia y la desesperación. Y él entendió lo que ella decía, comprendiendo que era verdad. Estaba muerto.

- ¿Cómo me pasó esto, Dios mío? ¡Soy muy joven para morir!

- Tienes toda la razón, llegaste aquí antes de lo debido...

- ¿Cómo así? ¡Dios mío! ¿Y ahora? Pero... ¿Cómo puedo seguir siendo yo mismo? Estoy viendo mi cuerpo, como siempre fue... no puedo entender...

- Sergiño, síguenos, vinimos a ayudarte. Cálmate. Siéntate aquí un rato y relájate. Duerme. Cuando despiertes estarás mucho mejor, te lo prometo.

- ¿Lo prometes? ¿Juras que no volverás a desaparecer?¿Que no me dejarás solo otra vez?

- Claro que no. Ahora que eres libre, será más fácil.

- ¿Liberado de qué? ¿De dónde?

- Después, cuando estés más tranquilo, hablaremos de todo, de todo. Puedes confiar en mí. Responderé todo lo que sé y lo entenderás mejor.

- No puede ser... No puedo haber muerto. No es cierto, soy muy joven. Tengo tanto que hacer... No puede ser, debe haber algún error.

- Y... Tienes razón. Hay algunos errores. De cualquier manera, lo que está hecho... Hecho está.

- ¿Cómo así? ¿Qué errores? ¡De ninguna manera! No es que me esté muriendo... quiero decir, no puedo estar...

Rodeado de energías sutiles y serenas, emanadas del grupo que acompañaba a Lívia, el chico fue inducido a dormir, para que pudiera ser auxiliado y ayudado.

Lívia lo abrazó contra su pecho como a un niño y el grupo se fue.

Capítulo 16

Difícil despertar

SIN SABER CUÁNTO HABÍA dormido, Sergiño despertó lentamente. Miró a su alrededor y se vio a sí mismo en un lugar muy tranquilo. El silencio fue casi total. Solo registraba suaves voces a lo lejos, conversaciones lejanas. Miró al techo y luego a las paredes, tratando de identificar. Se levantó lentamente, pero un fuerte vértigo le obligó a sentarse en el borde de la cama, intentando recuperar energías. Mientras estaba allí, la puerta se abrió y una joven de rostro radiante y familiar entró alegremente en la pequeña habitación.

- Levántate con cuidado, Sergiño. Hay que acostumbrarse poco a poco, sin prisas.

- ¡¿Tú?!

Lívia le sonrió con cariño.

- ¿Te sientes mejor?

- ¿Qué mejor? ¡Estaba bien hasta que llegaste aquí! Lo siento, no quiero sonar grosero, pero pensé que todo era un sueño... Verte me recordó todo. Entonces... ¿No fue un sueño?

- No, primo mío, aunque me pareció una auténtica pesadilla. Estás aquí mismo, dejaste la vida en la Tierra. Es en el mundo donde viven los espíritus.

- ¿Cómo es esto posible? ¡No puedo creer! ¡No soy un espíritu, soy yo mismo!

- Sí, ¿y crees que cuando dejamos el cuerpo nos convertimos en otra cosa? ¡No! ¡Seguimos siendo nosotros mismos!

- Recuerdo que dijiste que llegué temprano. ¿Por qué estaba pasando esto? ¿Cómo puedes ver un error como ese? Quiero hablar con la persona responsable de este lugar. Necesita decirme cómo pudo ocurrir un error como ese.

- Sergiño, lo que pasó ya no se puede revertir; lo entenderás todo con el tiempo, ten paciencia.

- Pero no quiero quedarme aquí, Lívia. ¡Tengo muchas cosas que hacer, tengo toda la vida para verlo! Tengo una serie de cosas que quiero lograr... ¿Cómo puedo hacerlo si estoy aquí? ¿No lo entiendes? Tenemos que hablar con el responsable. Si, como dijiste, hubo un error, entonces debemos averiguar quién cometió el error y pedirles que lo solucionen y me dejen regresar. ¡Tiene que haber una manera de regresar!

Lívia se sentó en la cama junto a su primo. Sintió su angustia y quiso ayudarlo. Sin embargo, temía que toda la verdad de una vez lo dejara aun más molesto. Sostuvo el rostro de su primo con ambas manos y dijo:

- Sé lo que sientes, recuerda que yo he pasado por eso, y por lo tanto sé exactamente cómo te sientes. Lo que te aseguro es que la vida aquí puede ser placentera. Podrás aprender y lograr muchas cosas. Si te calmas y encuentras tu camino, podrás renovar propósitos, desarrollar...

- ¡No, Lívia! ¡No quiero! ¡Necesito regresar! - Y diciendo esto, con un movimiento brusco se puso de pie, aunque vacilante.

Lívia lo apoyó en el mareo que sentía y lo movió a un lado.

- Caminemos un poco, para que conozcas el lugar y te acostumbres.

- No quiero acostumbrarme...

- Sergiño, ¿cuánto tiempo crees que ha pasado desde que dejaste la vida en la Tierra?

- ¡No lo sé! ¿Cómo sabré? ¡No sabía que ya no estaba allí!

- Bueno, te lo diré. Ha pasado más de un año y medio desde que falleciste.

- ¿Qué dices…?

- Desencarnaste, abandonaste tu cuerpo físico.

- ¿En serio?! ¡¿Un año y medio?! ¿Y qué pasó con mi cuerpo? ¿No es este mi cuerpo?

- Este cuerpo, que es igual que tu cuerpo físico, con las mismas cicatrices y todo, es un cuerpo más sutil, más etéreo, al que llamamos periespíritu.

- ¿Y dónde estaba él cuando yo estaba en la Tierra? ¿Cómo es que nunca me di cuenta que existía?

Lívia sonrió.

- Es muy sutil, por eso no sabíamos de su existencia.

- ¿Y cómo tengo frío, hambre, sueño, de todos modos?

- Es que este cuerpo también es material; precisamente porque la materia es más sutil, los átomos vibran a diferente velocidad, por eso es más ligera. ¿Puedes entenderme?

- Más o menos, no lo entiendo bien.

- Pero, ¿sabes lo que significa haber fallecido hace más de año y medio?

Sergiño estaba sentado deprimido en un banco del hermoso jardín que seguían. Estaba abrumado.

- Lo entiendo. No puedo volver a mi cuerpo.

- No. Es claro que no.

- ¿Y dónde he estado todo este tiempo? ¿Dónde estaba? Dijiste que fuiste arrestado.

- Estabas pegado a tu cuerpo.

- ¿Cuál de ellos?

- Atrapado en tu cuerpo más denso, el que usaste en la Tierra.

- ¿Qué? Me estás diciendo que todo este tiempo estuve...

- Estaba aferrado a tu cuerpo físico, de ahí la oscuridad.

- ¿Por eso no podía moverme?

- Exactamente. Estabas atrapado en un cuerpo inerte, que ya no tenía vida, y como estabas muy apegado a él y, más aun, inconsciente de tu nueva situación, no podías moverte.

- ¡Qué cosa tan terrible! ¿Cómo pudo alguien permitir que esto sucediera? Es muy triste. Me dejaron allí un año y medio, ¿literalmente pudriéndome?

- Sergiño...

El joven volvió a levantarse.

- ¡Lo siento, Lívia, estoy indignado! ¡Eso no se hace! ¡Qué cosa tan horrible! ¿Por qué no viniste a buscarme antes? Quiero hablar con el responsable de este lugar, de este proceso, como se llame aquí, ¡pero tengo que llevarme bien con el responsable!

Lívia, que permaneció sentada tranquilamente, reflexionando:

- Bueno, como insistes tanto, puedes hablar con el responsable.

Sergiño miró a su alrededor y, al no ver a nadie, se enfadó:

- ¿Entonces eres la responsable?

- No, claro que no, tú eres el responsable. Tendrás que llegar a un acuerdo contigo.

- ¿Cómo así? No bromees sobre algo tan serio, Lívia.

- No bromeo.

- ¿Y cómo puedo ser responsable?

- Sergiño, realmente llegaste antes de tiempo. Tu vida terminó antes de tiempo, porque cometiste... una especie de suicidio.

- ¿Qué, suicidio? ¡Fue un accidente de motocicleta, no un suicidio!

- Y, ¿pero cuál fue la causa del accidente?

- ¡No lo sé! El suelo estaba mojado, el autobús frenó de repente, no lo sé con seguridad.

- ¿Qué hacías antes del accidente? ¿Te acuerdas?

- Estaba con Paula...

Por primera vez, Sergiño recordó claramente a su novia y se quedó helado. Había pensado en ella todo el tiempo que estuvo semiconsciente, pero ahora que conocía su verdadero estado lo hizo de manera diferente.

- ¿Dónde está Paula? ¿Qué le ocurrió a ella?

Lívia no respondió. Simplemente lo miró directamente a los ojos.

- Ella también...

- También.

- ¿Y dónde está ella? ¿Fuiste a buscarla?

- Lamentablemente todavía no ha sido posible, Sergiño.

- ¿Por qué no?

- Hay muchas cosas que no sabes del todo, y no puedo explicarte todo de una vez porque no ayudaría, no lo entenderías. Así que vayamos poco a poco, poco a poco, para que lo entiendas. Eso es si quieres, si tienes buena voluntad, porque si te mantienes distante y rebelde tardarás mucho más en asimilar una serie de nuevos conceptos, nuevos conocimientos. La información no es suficiente, tu corazón necesita estar abierto para absorber las verdades.

Sergiño permaneció en silencio por unos momentos y luego preguntó:

- ¿Qué es eso del suicidio, Lívia? ¡No es verdad! Hay algún error de información.

- ¿Recuerdas qué estabas haciendo horas antes del accidente?

- Estuve con Paula, celebramos todo lo que estaba pasando con nosotros...

- ¿Y cómo estaban celebrando?

Sergiño la miró fijamente a los ojos, intuyendo ya hacia dónde iba, y se puso a la defensiva, argumentando de mala gana:

- Tomamos una cerveza. ¿Cuál es el problema?

- El problema no fue la bebida. Eso es lo que hiciste a continuación. Conducías completamente bajo los efectos del alcohol, Sergiño.

- Pero no estaba borracho, solo había tomado un par de cervezas.

- ¿Dos? Sé más honesto. Sabes que fue mucho más que eso; Fueron tantas que ni siquiera sabes cuántas.

- ¿Y eso? Eso no significa que fuera un suicidio.

- Sergiño, conducías después de beber muchas cervezas; es decir, con un estado de conciencia afectado. Y para colmo corrías mucho, iba a gran velocidad. Tus reflejos eran lentos; el suelo estaba mojado y el autobús se detuvo correctamente, ya que había un semáforo delante y frenó con cuidado, mucho antes de la señal. No hubo imprudencia por parte del conductor, aunque hasta el día de hoy se siente íntimamente responsable de lo que le pasó.

- ¡Entonces fue una fatalidad! - Afirmó, frunciendo el ceño.

- No, tampoco fue una fatalidad. Podrías haberlo evitado todo; de hecho, no habría pasado nada si hubieras hecho lo correcto.

- ¡No es justo! ¡No fue un suicidio! ¡No quería morir! ¡No quiero estar muerto! - Gritó Sergiño angustiado.

Lívia lo abrazó cariñosamente y lo dejó llorar hasta que se calmó.

- No es justo, Lívia. ¡No quería eso en absoluto! Solo quería celebrar, divertirme, estaba tan feliz con todo... ¿Por qué pasó algo así? ¿Por qué no me ayudaste previniendo el accidente?

- Sergiño, tenemos derecho a tomar decisiones en nuestra vida; a esto se le llama libre albedrío. Decidimos cada día, cada hora, hasta el más mínimo grado. Este es nuestro derecho al libre pensamiento, el derecho a la libertad. Podemos pensar y actuar como mejor nos parezca. Sin embargo, todas nuestras acciones tienen consecuencias; todas, sin excepción. Actuando conforme a la Ley de Dios, las consecuencias son buenas, positivas. Si actuamos contra nosotros mismos o contra nuestros vecinos - en definitiva, contra las leyes divinas que rigen el Universo -, las consecuencias serán negativas y cosecharemos los resultados de nuestras decisiones y acciones; de lo contrario no seríamos verdaderamente libres. A esto se le llama ley de acción y reacción. Cada acción corresponde a una reacción. La elección fue tuya. Y sabías que conducir después de beber era un gran riesgo. ¿Lo sabías o no lo sabías?

Sin el coraje de levantar la cabeza, se limitó a asentir.

- Entonces no hay excusas. Tuviste desventajas consciente que era peligroso y no podía ser hecho. Y empeoraste aun más la situación al ir a gran velocidad; otra decisión tuya, exclusivamente tuya. Tú elegiste las acciones y ellas trajeron consecuencias naturales de las que no podemos escapar, Sergiño. No hay forma. ¿Entiendes por qué se consideró que tu muerte fue un suicidio?

- ¡Entiendo tu razonamiento, pero no estoy de acuerdo! ¡No creo que sea justo! Tenía que haber una manera.

Y añadió con tristeza:

- ¿Y Paula? ¿Fue mi culpa también?

- También estuvo su participación en lo sucedido.

Sergiño guardó silencio, abatido. Las lágrimas corrieron por su rostro. Lloraba de angustia y rabia, porque deseaba fervientemente que nada de eso hubiera pasado, quería poder retroceder en el tiempo y actuar de otra manera. Solo que ya era demasiado tarde. Como había dicho Lívia, no había vuelta atrás sobre lo hecho. Después de un largo silencio, dos hombres se acercaron.

Lívia es su prima.

- ¿Cómo estás, Sergiño, en tu primera gira por la Colonia?

- No estoy bien – respondió sin levantar la cabeza. Los dos miraron a Lívia y pronto comprendieron qué estaba pasando.

- Estaremos ahí cuando quieras compañía, ya sea para hablar o simplemente pasear.

- Gracias - respondió el joven de mala gana, aunque notó amistad y cariño en aquellos dos hombres.

- ¿Quiénes son?

- Dos de los cinco amigos que trabajaron activamente para rescatarte.

- ¿Fue tan difícil? ¿Por qué?

- No era tu momento, Sergiño. Fue un suicidio, por lo que tu energía vital era enorme y no se extinguió con la muerte de tu cuerpo. De hecho, si no fuera por toda la ayuda que recibiste, especialmente de tu madre, y sobre todo el atenuante que ella tuvo para la situación, aun estarías ahí.

- ¿Qué atenuante?

- Exactamente el hecho que no querías morir, que no era algo premeditado, planeado y deseado. Lo ocurrido fue resultado de actos intrascendentes de tu parte, pero ese no era su objetivo, ese es el atenuante. En estos casos, a pesar de sufrir las consecuencias de una muerte anticipada - en definitiva, un suicidio -, la ayuda también llega más rápido. ¿Lo entiendes?

- No muy bien. ¿Y cómo está mi madre? La extraño mucho... Lo hice, y la extraño mucho...

- Tu madre sufrió mucho y todavía sufre, pero el amor que siente por ti es un regalo divino, Sergiño. Ella está cada vez más fuerte, especialmente ahora que sabe del apoyo que has recibido.

- ¿Sabe ella todo lo que pasó?

- Ella no conoce los detalles, solo siente tu angustia y ora por ti. ¿Tiene miedo que su adaptación a la nueva vida es difícil debido a su temperamento, que conoce bien.

- Quiero ver a mi madre, a mi familia. No quiero quedarme aquí, Lívia. Realmente aprecio lo que hiciste por mí, pero quiero volver, quiero estar cerca de mi familia, mi casa, mis amigos, mi vida...

- Tu vida ahora y aquí, Sergiño. Hay tanto que aprender, hay infinitas posibilidades que ignoras... Te esperan tantas experiencias nuevas... No queda nada por hacer en tu antigua vida; solo sufrimiento, créeme. No será bueno para ti. Aprovecha la enorme ayuda que recibiste y comienza una nueva vida.

Lívia apeló tiernamente al sentido común y al razonamiento de su primo, porque sabía lo que le esperaba si decidía regresar. Y cuanto más discutía, más sentía Sergiño su añoranza por su antiguo hogar y su deseo de regresar. Los recuerdos se hicieron más intensos, los recuerdos le trajeron imágenes claras y casi podía oler el agradable olor del café que su madre preparaba todas las mañanas.

- Quiero volver, Lívia. Quiero estar con ellos.

- Más tarde, cuando te acostumbres a la nueva vida, podrás hacer breves incursiones en la vieja casa, sin hacerte daño, Sergiño. Por ahora es prematuro; te sentirás muy débil, sobre todo emocionalmente. No estás listo para regresar.

- Aun así, eso es lo que quiero hacer. Quiero volver a mi casa. Quiero estar cerca de mi familia.

- Te vas a arrepentir.

- No creo. Mi lugar está ahí y no aquí.

- Está bien, Sergiño. Tengo que hablar con algunos amigos que fueron importantes en tu rescate y pronto te traeré la respuesta. De cualquier manera, necesitamos su permiso.

Mientras Lívia caminaba tranquila y serenamente por uno de los callejones bordeados de pequeñas flores de colores, en un inmenso parque, Sergiño, ansioso, observaba lo que le rodeaba, sin prestar atención; sin embargo, a la belleza del lugar, a la pureza del aire y a la suavidad del ambiente. Solo tenía un pensamiento: regresar a su antiguo hogar. Y la ansiedad lo dominó por completo.

Después de un rato, Lívia regresó con una mirada seria. Ya no sonreía relajadamente como lo había hecho todo el tiempo que estuvo al lado de su primo. Parecía más seria y preocupada.

Al verla y notar su expresión seria, Sergiño se levantó:

- ¿Qué fue? ¿No me dejarán ir?

- Prepárate. Estamos en camino. Estamos esperando a Josué y Antonio, dos amigos que nos acompañarán. Estarán aquí pronto y nos iremos inmediatamente.

- Entonces ¿por qué iba a ser esto tan grave, Lívia?

- No lo entiendes, ¿verdad?

- ¿No entiendo qué?

- Me entristece porque sé lo que te espera.

- No tiene sentido intentar convencerme que desista. ¡Yo quiero volver!

- Y volverás, no te preocupes.

A los pocos minutos se unieron Antonio y Josué.

Se unieron a ellos y emprendieron el regreso, Sergiño apoyado por Lívia por un lado y Antonio por el otro, con Josué al frente.

- Agárrate a los dos y reza. Cierra los ojos y ora. Llegaremos pronto, pero no dejes de orar.

- ¿Por qué?

- Sergiño, al menos en esto hay que colaborar. Si quieres volver, necesitas ayudar.

- Está bien. ¿Será el Padre Nuestro?

- Claro que sí.

El chico cerró los ojos para concentrarse mejor y comenzó a orar. Repitió la oración varias veces y luego escuchó la voz de Lívia:

- Estamos aquí.

Sergiño, ansioso, abrió los ojos y preguntó:

-¿Ya?

Estaban frente a la puerta de su casa.

- Aquí estamos, primo mío. Recuerda que la oración es una fuerte conexión con Dios. Si tienes problemas, no dudes en orar. No lo olvides, ¿vale?

- Claro. Gracias Lívia, gracias por todo. Gracias Antonio; Gracias Josué. Estaré bien, no se preocupen.

Lívia miró a su primo, lo besó en la mejilla y se despidió. Solo frente a esa puerta, Sergiño estaba muy emocionado. Nunca había echado tanto de menos esas escaleras como para subirlas y bajarlas con tanta alegría. Se quedó allí mirando la puerta y las escaleras durante mucho tiempo, sin valor para entrar. Finalmente, cuando se sintió preparado, intentó abrir la puerta, sin éxito. Lo tocó y fue como si se le escapara de las manos. No pudo lograr que se abriera. Lo intentó con insistencia y no lo consiguió. Por primera vez pensó que realmente se encontraba en una condición diferente. Se sentó al borde de la acera a esperar, mientras pensaba: "Bueno, en algún momento aparecerá alguien y me iré con él." Sergiño observó a otras personas caminando por la calle, por las aceras, algunas con mirada triste, otras completamente alteradas: ¿Qué les estaba pasando? Normalmente el lugar donde vivía era tranquilo, con gente corriente caminando por la acera; esas personas, en su mayor parte, le parecían desesperadas, verdaderas almas en apuros. Algunos caminaban hacia él como si no lo vieran, otros lo miraban.

Fueron y no dijeron nada. Todo parecía muy extraño... Mucho tiempo después, una camioneta escolar se estacionó y Sueli y Fabio bajaron, charlando casualmente. Estaban hablando del problema que había ocurrido en la escuela ese día. Nada más al verlos, Sergiño se levantó contento y añorado. Quería abrazar a sus hermanos y corrió a su encuentro:

- ¡Sueli, te extraño mucho!, Fabio, ¿cómo estás, hermano?

Siguieron hablando y pasaron junto a Sergiño como si estuvieran dentro de él. Sin tiempo siquiera para mostrar su miedo, el hermano rápidamente los siguió, pues tenía que aprovechar y entrar a la casa con ellos. Casi se aferró a Sueli y cruzó el portón antes que ella volviera a cerrarlo, lo mismo sucedió con la puerta principal de la casa.

Cuando se encontró en su antiguo hogar, el joven se emocionó intensamente. La madre, como siempre, estaba en la cocina terminando de preparar el almuerzo. Sergiño quiso abrazarla. Se acercó y la besó en la mejilla. Ella no notó nada. Quería que ella también lo abrazara, eso era lo que quería, pero doña Eugenia hablaba con los demás niños, sin notar su presencia. Se sintió rechazado.

Salió de la cocina y se dirigió a su antigua habitación, queriendo revisar sus cosas. Se sorprendió al encontrarlo completamente diferente, transformado en una habitación de invitados. Solo estaban allí sus tambores, completamente ensamblados. Decepcionado, pensó: "¡Me cambiaron todo! ¡Mi ropa, mis cosas, aquí ya no hay nada! ¡Solo queda la batería!"

Sergiño se sentó en un rincón de la habitación y, sujetándose las rodillas con los brazos, lloró profundamente. Estaba profundamente angustiado. De repente escuchó una voz muy cercana:

- ¿Estás triste, muchacho? ¿Quieres ayuda? Sergiño se levantó, asombrado.

- ¿Quién eres?

- De vez en cuando camino por aquí, normalmente no puedo.

- Gracias estoy bien. Quiero estar solo.

- Nunca estamos solos, muchacho. Siempre hay alguien mirándonos.

- ¿Cómo así?

- Si no puedes ver a todos, muchos pueden verte a ti sin que te des cuenta. Algunos saben cómo hacerlo muy bien. Ten cuidado.

- Voy a tenerlo en cuenta. Ahora quiero ver a mi madre.

Sergiño se levantó y volvió a la cocina.

Al entrar se dio cuenta que el hombre que había encontrado todavía estaba a su lado.

- ¿Qué quieres aquí? ¡Puedes irte!

- Mira, muchacho, hago lo que quiero, voy donde quiero, no puedes darme órdenes, no. Si quieres, puedo vivir aquí y listo. No puedes hacer nada. Sergiño guardó silencio. Intentó participar en la conversación.

Dejó a su madre con sus hermanos, pero no podía quitar su atención de aquel hombre que insistía en escuchar cerca. De repente, angustiado y débil, se sentó en el suelo de la cocina, mirando a la madre y a los hermanos que tanto amaba... Quería gritar que los amaba, alto y claro. Sin embargo, no había nada que pudiera hacer... No lo escuchaban.

Capítulo 17

Evangelio en el Hogar

PASARON UNOS CUANTOS DÍAS. Sergiño sintió hambre y sed; era débil. Aunque estaba con su familia, como había querido, se vio invadido por la angustia y la tristeza. Y siempre estaba ese hombre extraño cerca, molestándolo, y muchas veces iba acompañado de otros.

Esa noche, después de cenar, vio llegar a dos personas. Todos parecían enfermos y la gran mayoría no vio a Sergiño. Parecían estar guiados por otros, quienes a su vez no fueron vistos por el chico. Notó que la habitación donde se reunía su familia se llenó de nueva luz. Todos participaron, incluido su padre. El hombre que vagaba constantemente allí le dijo a Sergiño:

- Bueno, voy a salir a caminar. Hoy es el día de Evangelio en el Hogar, aquí. Son espirituales e insisten en llevar a cabo este Evangelio cada semana. Es horrible. Casi siempre tengo que irme, como hoy, y a veces es difícil volver...

El hombre dijo eso y salió por la pared de la sala, ante la mirada sorprendida de Sergiño.

- ¿Así nos movemos por aquí? - Se preguntó.

En el mismo momento vio a dos hombres que sonreían.

- ¿Cómo estás, Sergiño?

- ¿Me conoces?

- Sí, bastante. Somos visitantes habituales del Evangelio en casa de tus padres. Hemos estado participando desde que tu madre empezó a estudiarlo sola. Ahora, ver a la familia toda unida en torno al Evangelio es motivo de gran alegría, pues seguramente verán duplicadas sus fuerzas.

- ¿Quién eres?

- Somos amigos.

- Sí, pero ¿quiénes son?

- Somos amigos de tu familia y, cuando estamos trabajando cerca, siempre participamos. Nos enteramos de tu rescate y nos alegramos. Es una pena que hayas decidido volver. Aquí no hay nada más que hacer, Sergiño, ¿no lo entiendes?

- Lo sé, fue Lívia quien te pidió que vinieras, para hacer que me fuera.

- ¡De ninguna manera! Nadie te obligará a hacer nada, puedes estar tranquilo. Siempre harás tu voluntad.

- Aquí vienes de nuevo con esta charla de elecciones...

Sergiño iba a interrogar a los dos hombres, cuando pidieron silencio. El Evangelio estaba por comenzar.

Sergiño se sintió un poco más ligero y reconfortado esa noche, como si le hubieran dado de comer.

Al final, los dos hombres, que habían permanecido todo el tiempo con los ojos cerrados y los brazos extendidos. Cada miembro de la familia, por turno, se dirigió una vez más al joven:

- ¿Estás seguro que no quieres volver a Lívia? Te podemos ayudar.

- Certeza absoluta. Estoy aquí.

Sin decir nada más, los dos se marcharon, así como los que parecían enfermos. Sergiño se sentó en el sofá, al lado de su madre, con la impresión de estar absolutamente solo. Doña Eugenia sintió una opresión en el pecho y pensó en su hijo.

Cuando se acostó, oró por él con pleno sentimiento de amor.

* * *

SIGUIERON LOS DÍAS Y la vida en la casa del joven transcurría con normalidad. Varias veces vio a su madre llorando con su foto en las manos, escondida de los demás hijos y del marido. Para el resto; sin embargo, sus vidas continuaron. Vio que cada uno tenía sus propias tareas e intereses. Se observó a sí mismo, triste y abrumado, débil, casi incapaz de caminar erguido y completamente desanimado. Se sentía desesperado, sin nada. Solo los recuerdos de su antigua vida estuvieron siempre con él; de esa vida a la que nunca podría regresar. Abatido hasta el extremo, se dio cuenta que los únicos momentos de mayor alivio eran los que tuvo el día del Evangelio. En esos cincuenta minutos se encontró con más ganas y con la sensación que aun podía ser feliz. Cuando terminó el Evangelio, se sintió nuevamente entristecido y se sintió fuerte.

Fue entonces cuando los estudios realizados en la casa comenzaron a suscitar mayor atención y comprensión. Lentamente, y sin darse cuenta, el chico comió; comenzó a captar las verdades espirituales con las que luchaba tan obstinadamente. Doña Eugenia, inspirada por espíritus amigos, comenzó a escribir relatos más extensos sobre la vida espiritual, basándose en lo que había ido aprendiendo en los libros. Sergiño, a pesar de seguir resistiéndose a aceptar la realidad, se dio cuenta que ya no podía ignorarla. Día tras día empezó a comprender algunos hechos que al principio le parecían muy extraños y ansiaba que llegara la noche del Evangelio.

Como entendió un poco más, tomó conciencia de su situación y de cómo había dejado atrás, junto a Lívia, algo importante que él desconocía. Su condición comenzó a causarle gran angustia.

Fue entonces que una noche, justo después que Evangelio, totalmente exhausto, oró: "¡Dios mío, estoy desesperado! ¡Ya no tengo lugar en esta vida y no quiero otra! ¡Ayúdame a aceptar lo que me pasó! ¡Dios mío, ayúdame! Padre Nuestro, que estás en el cielo, santificado sea tu bendito nombre...."

Su súplica fue sincera y lo invadió una fuerte emoción, mientras copiosas lágrimas bañaban su rostro. Al terminar la oración, sintió que alguien le tocaba el rostro:

- Por fin empiezas a entender, Sergiño. Hay algo mucho mejor esperándote. ¡Solo necesitas quererlo!

- ¡Lívia! ¡Eres tú! No estás enojada conmigo por no haber oído lo que estabas diciendo? Yo estoy avergonzado...

- No estés triste por eso. Sé que muchas veces necesitamos verlo con nuestros propios ojos para creerlo. Creo que ya has tenido suficiente sufrimiento, ¿no? ¿Podemos irnos?

Sergiño se levantó ayudado por su prima.

Miró una vez más todo lo que le rodeaba con indescriptible cariño y anhelo. A partir de ese momento fue difícil para él. Todavía quería quedarse.

Fue a la habitación de su madre, mientras ella se estaba preparando para dormir. Él la miró con ternura y la envolvió en un fuerte y tierno abrazo. Luego abrazó a su padre, que estaba leyendo cómodamente a la cabecera de la cama. Notó que una luz suave bañó esa habitación. Por primera vez desde que regresó a casa, vio esa luz suave, que no dependía de la lámpara ni del brillo del Sol. Era una luz que emanaba de la propia casa.

Luego fue a la habitación de sus hermanos. Encontró a Sueli, que dormía tranquilamente. Él la besó en la mejilla y ella se movió sobre la cama, pronunciando las palabras:

- Te amo, Sergiño, y te extraño.

Sergiño, que estuvo acompañado de Lívia, la cuestionó:

- ¿Puede verme?

- No. Pero como Sueli es sensible, percibe intensamente su presencia, incluso sin ser consciente de ello. ¿Has notado lo triste que se ha puesto en los últimos meses?

- Es verdad. Mamá incluso comentó esto el otro día. Vi que estabas preocupada por Sueli.

- Bueno, Sergiño, esta tristeza es tuya.

- ¿Cómo así?

- No es exactamente el sentimiento de Sueli, sino el tuyo. Ella simplemente absorbe tu tristeza, como una radio capta ondas magnéticas. Su mente, especial y preparada para captar las ondas de otras mentes, y afectuosa como era contigo, captó inmediatamente tus emociones. Sueli se está enfermando despacio. Sería muy bueno para ella si te marcharas ahora para que pueda recuperarse.

Sin decir nada, la miró una vez más y, acariciando suavemente su rostro, le dijo:

- Lo siento, Sueli, no quería ponerte triste.

Sueli se removió en la cama y sonrió serenamente.

Luego fue el turno de Fabio. Sergiño entró en la habitación y miró algunas fotos de él mismo clavadas en la pared de la habitación de su hermano. Cuanta admiración, ¡lo intenté por él! Se dio cuenta del cariño que tenía de toda la familia y sus ganas de regresar a la Colonia crecieron aun más. Lívia, al ver su dificultad, lo abrazó y le dijo:

- Te espera algo mucho mejor, créeme, lo entenderás. Entonces, en el futuro, siempre podrás estar cerca de ellos, ¡ya verás!

- Quería hablar con mi madre, decirle lo mucho que la amo... Y lo mucho que siento haberle causado tanta tristeza... Quería decirles a todos lo mucho que los amo también... ¡Y eso, que todavía estoy vivo!

- Puedes hacerlo, en el momento adecuado.

- ¿Lo prometes?

- Lo prometo. Ahora abrázame y vámonos.

Sergiño finalmente se dejó llevar del brazo. Sostuvo firmemente a su prima y, cerrando los ojos, comenzó a orar mientras se marchaban. Las lágrimas corrían por su rostro, pero ya no tenía fuerzas para resistir. Sabía que necesitaba aceptarlo.

Capítulo 18

Nuevas lecciones

LA PARTIDA FUE extremadamente dolorosa. Ahora que Sergiño era consciente de su actual condición, la separación de quienes tanto amaba le desgarró el alma; era como si una gran hacha le hubiera hecho un agujero en el corazón y le hubiera arrancado un trozo. ¡Qué dolor en el pecho, en todo el cuerpo!

Cuando llegaron a la Colonia, Lívia lo llevó nuevamente a la pequeña habitación, donde había despertado después de la ayuda inicial, y hablando tiernamente le preguntó:

- Descansa, necesitas recuperar fuerzas. Descansa, duerme. Te sentirás mucho mejor más tarde y entonces podremos hablar. Tenemos tiempo para hablar. Debes recuperar tu energía para que puedas comprender lo que te espera.

- No quiero nada, Lívia; quería que la muerte fuera un silencio profundo, que no hubiera nada...

- No digas eso, Sergiño. No sabes lo que estás hablando. Hay vida esperándote; nuevas alegrías, muchas cosas buenas... No te dejes menospreciar así. Da gracias a Dios por estar aquí, Sergiño, entre amigos. Agradece y no te desanimes.

Con mirada cansada y casi sin discursos, sacude la cabeza, avergonzado. Sabía que ella tenía razón y quería confiar en lo que decía. Se metió en la cama y cerró los ojos, intentando dormir. Sus pensamientos eran confusos y su corazón se sentía agitado y angustiado. Sin embargo, poco a poco, se envuelve en una suavidad y una serenidad indefinida. Desde el lugar donde se encontraba, dejó que sus ojos se volvieran cada vez más pesados y, finalmente, se entregó al sueño reparador.

* * *

DÍAS DESPUÉS, DESPERTÓ renovado, acogiendo los rayos del Sol que entraban suavemente en la pequeña habitación. Se levantó y buscó agua. Al ver una pequeña jarra con agua fresca, notó que alguien la había cuidado mientras reposaba. Minutos después, Lívia entró emocionada:

- ¡Caramba! ¡Qué bueno que te despertaste! ¡Estuviste dormido mucho tiempo!

- ¿Cuánto tiempo? ¿Podría haber sido por un año y medio más?

- No claro que no. Dormiste tres días.

- Menos mal.

- Veo que ya te has recuperado.

- Un poco, pero todavía siento un dolor extraño en el pecho. Cuando regresamos, pensé que era el dolor de la separación; hoy me doy cuenta que es como si se me rompiera el pecho... me duele mucho.

- Necesitarás paciencia para recuperarte por completo. Lo que todavía sientes es un reflejo de la forma en que desencarnaste.

- Cómo, si este es un cuerpo diferente, espiritual. ¿Cómo puedo tener el mismo sentimiento que cuando morí?

- Exactamente porque la lesión que se produjo en tu cuerpo físico afectó a tu cuerpo espiritual, porque es materia, aunque menos densa.

- ¿Puedes explicarlo mejor?

- El periespíritu, ese cuerpo que mantenemos cuando estamos desencarnados, es similar al cuerpo físico, solo que más ligero, menos material. Está entre el cuerpo físico y el espíritu, formando un puente entre ellos, y completa la composición de nuestro ser integral. Todo lo que hacemos con el cuerpo físico deja marcas en el periespíritu. Si cuidamos mal nuestro físico, si, por ejemplo, nos entregamos a vicios que lo dañan, éstos también dejarán profundas huellas en nuestro periespíritu.

- ¿Eso significa que todavía tienes el espíritu?

- Sí, y eso es lo más importante.

- ¿Y por qué nuestro espíritu no puede ser libre de una vez?

- Porque no podemos vivir sin algo material, al menos por ahora.

- ¿Por cuál motivo?

- Necesitamos elevarnos, espiritualizarnos, adaptándonos a cada nueva condición. Un día; sin embargo, cuando estemos totalmente purificados, seremos solo luz. La materia nos inmoviliza, nos proyecta desde nuestra propia inconsecuencia.

- ¿Cómo así?

- Nuestros pensamientos no crean, Sergiño. Si el hombre encarnado promueve tanta destrucción con lo poco que puede utilizar de su poder mental, ¿cómo sería si no tuviera la materia que le dificulta manifestarla?

¿El tacto y el movimiento del pensamiento?

A medida que evolucionábamos, a medida que nos purificábamos, nos volvemos cada vez más capaces de utilizar nuestra mente para el bien. ¡Dios es sabio, Sergiño! Cuanto más entendemos sus leyes, más nos damos cuenta de cuán infinita es su sabiduría.

- ¡Como todo esto es complejo, es difícil de entender!

- ¿Ves por qué necesitamos crecer poco a poco? Incluso las cosas buenas nos causan sufrimiento cuando no estamos preparados para ellas. Por eso debes tomártelo con calma. Este dolor se tratará lentamente.

- ¿No podemos solucionarlo pronto? ¿No hay ningún medicamento que pueda curarme por completo? Eso me molesta...

- Paciencia y trabajo, estudio y comprensión, son algunas herramientas. Además, aquí te someterás a algunos tratamientos, recibiendo apoyo para que puedas superar este sufrimiento, que es más moral que en el propio periespíritu.

- Espera un momento, ¿primero me dices que es algo natural y luego que es moral? ¿Qué es, después de todo?

- Tú causaste su muerte, recuerda. Debes liberarte de la culpa gradualmente. Muchos regresan y se llevan consigo el dolor, que en el futuro reaparecerá en sus cuerpos físicos.

Sergiño la miró confundido y molesto. Odiaba escucharla decir que él mismo era el responsable de lo que estaba viviendo y el dolor en su pecho lo angustiaba aun más; sin embargo, tratando de cambiar de tema, tocó otro punto que lo intrigaba:

- Lívia, me estas dejando confundido. Este asunto de la reencarnación aplica, ¿qué significa? ¿Es vivir de nuevo? ¿Cómo es eso?

- Tenemos una reunión ahora y es importante que vengas. Los amigos que te ayudaron te están esperando; será un momento de alegría y bienestar para ti, cuando también recibirás tratamiento para el dolor que te aqueja.

Ten calma. Necesitas estudiar mucho para poder comprender las verdades espirituales.

- Pensé que cuando moríamos descubríamos todo, lo sabíamos todo... No pensé que morir sería así...

Lívia sonrió y abrazó al joven con extremo cariño:

- Te adaptarás. Ahora vamos. Tenemos manos queridas esperándonos.

Ambos se dirigieron a un gran salón donde los esperaban ansiosamente. Mientras caminaba con Lívia por los bulevares llenos de flores que había visitado hacía algún tiempo, se dio cuenta de lo hermoso y agradable que era ese lugar. A pesar de esto, el dolor en su pecho todavía le molestaba.

En la pequeña asamblea que los esperaba, Sergiño recibió el apoyo de amigos y de algunos instructores de la Colonia que lo ayudarían en su adaptación. Después de una elevada explicación del Evangelio de Jesús y de una sentida oración que involucró a todos en calma y equilibrio de luces, Sergiño fue invitado a descubrir algunas áreas de estudio, donde pudo aclarar dudas con un supervisor y desarrollar una nueva conciencia espiritual.

- Hay mucho que estudiar aquí, Sergiño, para que realmente puedas adaptarte y sacar lo mejor de esta experiencia. Antes de regresar a la Tierra, tendrás oportunidad de prepararte mejor, para que tu próxima experiencia; es decir, tu próxima encarnación, sea exitosa.

- ¡¿Regresaré pronto a la Tierra?!

- Es demasiado pronto para saberlo. Organizar una reencarnación implica un proceso largo y complejo en el que participan muchos trabajadores, así como instructores de la vida espiritual de alto nivel, particularmente cuando ya existe cierta lucidez espiritual y el ser que encarnará lo hace de forma consciente.

-¿Algunos regresan sin querer?

- Muchos. Es la reencarnación obligatoria.

- ¿Y qué pasa con el libre albedrío del que me habló Lívia?

- Todos estamos sujetos a la Ley Divina, lo queramos o no, y esta ley prevalece sobre nuestros caprichos. Muchas veces no somos capaces de elegir lo que es mejor para nosotros. Y la reencarnación es siempre una gran bendición. Muchos no pueden entenderlo y tienen que volver atrás, porque es lo mejor para ellos en un momento dado.

Sergiño permaneció en silencio, reflexionando sobre las palabras del instructor acerca de tener mayor éxito la próxima vez, y también sobre todo lo que abarcaba un proceso de reencarnación. Cuando el instructor hizo una pausa, se arriesgó a preguntar:

- ¿Entonces fallé en mi vida, en mi encarnación?

- Cada vez que abandonamos la Tierra prematuramente, sin ser por el bien general de la Humanidad, fracasamos.

- ¡Pero lo que dices no es justo! ¡No tengo la culpa de lo que pasó!

- Sergiño, fracasaste principalmente por tu terquedad. ¡Necesitas reconocer lo terco que eres! ¡Necesitas aprender a admitir tus errores!

- ¿He estado aquí alguna vez?

- Antes de reencarnar estuviste en otra Colonia.

- ¡¿Hay otras?!

- Sí, hay muchas Colonias y otros lugares donde los espíritus permanecen durante los descansos de sus experiencias en la carne.

- ¿Por qué entonces no puedo recordar nada?

- Porque no está permitido, por tu bien. Lo más importante ahora, Sergiño, eres tú. Aprovecha la oportunidad que se te ofrece. Muchas personas que desencarnan en una situación similar a la tuya sufren durante mucho tiempo hasta que consiguen dormir.

Concéntrate en aprender y agradece a Dios por esta oportunidad, fruto, por supuesto, de lo que Él ya te ha otorgado y la ayuda constante de quienes te aman te sostienen con sus oraciones. Intenta trabajar tu terquedad, empezando por aceptar plenamente la nueva condición.

Sergiño no tenía nada que responder, dada la firmeza con la que su amigo lo guiaba. Aunque implica esa guía en la bondad amorosa, de ninguna manera resta valor a la seriedad con la que fue pronunciado.

Cuando regresaron, Lívia los estaba esperando en la puerta.

- Por ahora solo acepta un consejo más: aprovecha mientras tienes a Lívia a tu lado, ya que solo estará con nosotros por poco tiempo.

Sergiño le agradeció y se despidió del amigo que le avisó, pese a sentirse entristecido por las palabras que había oído de él. Triste y molesto.

- ¿Te vas, Lívia? ¿Para dónde? Pensé que vivías aquí.

- No, Sergiño. Vivo en otra Colonia espiritual, pero todavía tengo algo de tiempo para estar contigo. Vamos a aprovechar.

- ¿Y, dónde vives?

- Qué curiosidad tienes, ¿verdad? Quieres saberlo todo de una vez Calma.

Los dos siguieron el camino que conducía a la habitación de Sergiño. Cuando regresaron, se dio cuenta que el lugar era una especie de ambulatorio, con muchas habitaciones y un sinfín de personas que parecían médicos y enfermeras entrando y saliendo del edificio.

- Te veo más tarde.

Sergiño abrazó a su prima sin decir nada y entró en la habitación que lo albergaba.

Capítulo 19

Una inspiración

ENTRÓ LENTAMENTE y cabizbajo. Se sentó en la cama y observó las paredes, los pocos muebles y objetos de la habitación. Pensó en las palabras que acababa de escuchar acerca de haber fracasado en su vida. Se sintió traicionado por algo que no sabía. No podía aceptar que él fuera responsable de su propia muerte. Aunque lo entendía, no lo aceptaba. Se mostraba reacio a afrontar la nueva situación y saber que él era el creador de esta realidad que le dolía profundamente: "¿Cómo puede ser esto? ¡Qué cosa tan confiable tener! ¿Entonces yo tuve la culpa?"

De repente se acordó de Paula y el dolor en su pecho aumentó. "¿Dónde está Paula? Vaya, pobrecita... ¿Ha recibido ayuda como yo?" Por alguna razón desconocida, temía que Paula estuviera sufriendo tanto o más que él. Pensó durante mucho tiempo en su novia y en lo mucho que le gustaba.

Cada vez más triste, después de mucha meditación, sentándote en su cama, decidió salir a dar un corto paseo. Aunque débil, caminó hasta un banco en el jardín al lado de su habitación. Miró el cielo que poco a poco se iba oscureciendo anunciando la caída de la noche. Soplaba una suave brisa. Sergiño recordó su casa, su familia, en definitiva, la vida que le quedaba, y lloró amargamente, casi arrepintiéndose de las acciones que terminaron llevándolo a esa situación. Después de llorar durante mucho tiempo, regresó a su habitación, ya que el dolor en su pecho se había intensificado.

A pesar del bienestar que le proporcionaba el entorno que le rodeaba, su alma estaba en conflicto y adolorida. El despertar de su conciencia respecto de las consecuencias de sus propios actos irreflexivos hizo que la culpa brotara en su alma y surgiera un nuevo dolor.

Cuando la noche ya había caído por completo, exhausto, regresó a su habitación. Estaba agotado y sabía que necesitaba descansar. La noche parecía más larga y angustiosa. Mientras descansaba, las escenas del accidente se repetían ante sus ojos. Volvió a ver a su familia y otros recuerdos se mezclaron con las imágenes.

Cuando despertó a la mañana siguiente, su angustia no había disminuido, ni tampoco había disminuido el dolor que le desgarraba el pecho.

Lívia lo encontró muy abatido. Inmediatamente se preocupó. Sabía que su primo necesitaba despertar, abrir su mente, pero que junto con el despertar también venía la conciencia de sus propios actos, y a menudo esto era muy doloroso.

- ¿No te vas a levantar hoy?

- No tengo ganas de hacer nada. Me siento tan angustiado que no quiero nada. Creo que estoy un poco deprimido...

- ¿¡Qué dirías!? ¿Estás deprimido?

- ¿Por qué dices eso?

- ¡Vaya, siempre fuiste tan alegre, tan optimista! ¡Necesitas encontrar la fuerza para luchar contra estos sentimientos, Sergiño! Necesitas reaccionar.

- ¡Y todo me parece tan difícil, Lívia! Realmente no sé cómo lidiar con esta nueva vida, la falta de la vida que dejé que me pese, no siento fuerzas para soportar este dolor, y extraño muchísimo a todos, a Paula... Todo me parece dolor y sufrimiento...

- Depende de cómo veas esta nueva vida. Si puedes vislumbrar cuánto te queda por aprender, por descubrir, dentro de un nuevo universo de posibilidades que se está desplegando para ti...

- No sé dónde está ese universo de posibilidades del que hablas... Y encima te vas, me vas a dejar aquí solo... ¿Qué será de mí, Dios mío?

- Tranquilo, no iré ahora mismo, todavía tenemos algo de tiempo. Por eso quiero que te emociones, para que hablemos y para que aprendas y descubras este nuevo mundo de oportunidades...

- No lo consigo...

Lívia miró pensativamente a su primo. ¿Qué puedo hacer para ayudarlo? Entonces tuvo una idea.

- Sergiño, tal vez un viaje te vendría bien. ¿Qué opinas?

- ¿Un viaje?

- ¡Sí! ¿Qué tal visitar un lugar muy bueno?

- ¡No lo sé! ¿Qué lugar es ese?

- Hay una Colonia muy hermosa, un lugar interesante, que creo que te gustaría visitar. Y hay alguien con quien realmente quiero que hables.

Lívia se levantó y se dirigió a la puerta.

- Regreso en un momento.

De hecho, unos minutos después reapareció satisfecha.

- Está aprobado. Nuestro viaje está aprobado. ¡Vamos! ¡Levántate, vas a ver un lugar maravilloso!

- No tengo ganas.

Lívia se sentó tranquilamente al lado de su primo y, poniéndole la mano en la frente, oró en silencio durante un rato.

Mientras oraba, luces brotaron de su corazón y rodearon a su primo, quien observó asombrado el fenómeno. Él amenazó con pedirle algo y ella, en un gesto, le pidió que se callara. Al final de esa corta sesión de pases fluidicos, Sergiño ya se sentía con más ilusión.

- ¿Qué me hiciste, Lívia? ¿Qué eran esas luces?

- Fue solo una transmisión de energías de amor y cariño, para fortalecerte.

- ¡Pero qué lindo! Tantas luces...

- El lugar al que vamos es mucho más luminoso. ¡Te gustará, estoy segura!

Más emocionado, Sergiño se levantó.

- ¡Así que vámonos, tengo curiosidad por ver este lugar!

Lívia le pidió que la tuviera en brazos, porque regresaban a la otra Colonia; flotarían por el aire, como lo habían hecho desde la Tierra hasta el lugar donde se encontraban. Y concluyó:

- También es necesario permanecer en oración todo el tiempo. Pensar solo en Jesús y orar para que él nos apoye en este camino. De lo contrario, no podremos llegar allí.

Sergiño, serio y comprometido, aceptó y emprendieron el viaje.

Capítulo 20

Morada luminosa

AL ACERCARSE a la Colonia, Sergiño se sorprendió por la luz que emanaba de ella. Cuando tocaron el suelo, se sobresaltó: los ojos de Lívia brillaban igualmente; casi no podía mirarla.

- Lívia, ¿qué te pasó? ¡Cómo brillas!

La joven solo sonrió y siguió caminando.

La belleza de la ciudad era increíble para Sergiño. Nunca pudo imaginar que existiera un lugar tan hermoso e inexplicablemente elevado. Tenía un brillo intenso, colores fuertes, todo allí estaba lleno de vida, lleno de energía.

Lívia caminó con su primo, presentándole la Colonia. Le mostró lagos, ríos, parques y cascadas, el ambiente era agradable, con una arquitectura armoniosa y organizada, vibrante de actividades y gente moviéndose a todos los lugares. Los rostros eran invariablemente suaves y alegres.

Lívia conocía a mucha gente, pues todos la saludaban mientras caminaban. Algunos de demoraron un poco más, queriendo noticias:

- Entonces, ¿este es Sergiño?

- Sí, Marcos, es mi primo.

- ¡Qué bueno verte mejor! Todos estamos orando mucho por ti, para que pronto estés completamente recuperado.

Sergiño miró seriamente a los dos hombres que acompañaban a Marcos. Sus rostros le parecían familiares. Los miró tratando de recordar. Adivinando sus pensamientos, uno de ellos le dijo:

- Realmente nos conoces. Nos reunimos varias veces en tu casa, durante el Evangelio en el Hogar que realizaba tu madre.

- Es cierto.

- Soy Marcos y este es Antonio.

- ¡Aquí brillas aun más que allí!

Como Lívia. ¡Nunca la había visto tan brillante! ¿Por qué?

Todos sonrieron sin responder. Por segunda vez nadie le explicó el extraño fenómeno.

Se despidieron. Lívia y Sergiño continuaron su visita. El muchacho quedó fascinado por todo lo que vio. El dolor en su pecho había desaparecido. El bienestar y la ligereza que sentía en ese ambiente eran absolutamente nuevos para él. Nunca imaginó que existiera un lugar así.

- ¿Es esto el cielo, Lívia?

- No, ni mucho menos. ¡Muy lejos de eso! Es una Colonia donde residen espíritus un poco más iluminados que los del Puesto de Socorro donde te encuentras. Aquí ya tenemos una mayor conciencia de las verdades espirituales y una predisposición constante a ayudar, a acercar más criaturas a Dios, el amor también es más puro, por eso nos sentimos tan felices en este ambiente.

- Entonces, si esto no es el cielo… ¡¿qué es?!

- Sergiño, hay otras innumerables ciudades donde residen seres más evolucionados, donde el bienestar y la belleza son claramente mayores. Donde solo hay alegría, paz y... muchísimo, mucho trabajo. Es la obra a favor de la Humanidad nunca cesa; por el contrario, es más intensa a medida que los mundos son más iluminados en el amor de Dios. En los mundos evolucionados, la

Ley Divina es vivida por todas las criaturas. Y es por eso que en ellos no hay dolor, ni egoísmo, ni orgullo, ni sufrimiento derivado de estos fracasos humanos. La Ley Divina gobierna todas las mentes y todos los corazones; Por tanto, todos son felices y útiles, realizando tareas importantes para el progreso general del universo. Y continúan cada vez más cerca del Padre: *"En la casa de mi Padre hay muchas moradas"*, nos dijo Jesús. Estas Colonias y ciudades espirituales son todas moradas del Padre, que albergan almas en diferentes etapas de evolución.

Sergiño escuchaba todo atentamente, fascinado.

Las palabras de Lívia. Ya podía imaginar la belleza de esos lugares y su curiosidad creció.

- ¿No podemos ir a esos lugares?

- No, aun no.

- ¿Por qué no? ¿No es solo cuestión de volitar a estas otras ciudades?

- No, Sergiño, las cosas no funcionan así. Somos un pasaporte para estas ciudades evolucionadas y nuestro progreso moral, el progreso de nuestra alma. Solo creciendo en la bondad, en el amor, en el servicio a Dios y a los demás, podremos, algún día, emprender el camino por nuestra cuenta.

- Pero, ¿no pudimos venir aquí?

- Vivo aquí, Sergiño, así que puedo llegar a esta Colonia sin mayores dificultades. Esta es mi casa. Para ir a lugares más altos necesito una preparación adecuada y la ayuda de aquellos que ya se han ganado el derecho a vivir más arriba.

Sergiño la miró pensativamente. ¡Entonces ella vivía en ese maravilloso lugar! Y esa hermosa y dulce luz irradiaba... Por primera vez se dio cuenta de lo especial que era Lívia y sospechó la magnitud de los beneficios que recibía. Lívia estuvo de acuerdo:

- Sí, querido, recibiste mucha ayuda. ¿Entiendes ahora por qué no deberías dejar pasar la oportunidad? ¡Necesitas aprovecharlo para crecer y ser útil! Necesitas aprender a ayudar, a dar un poco de ti a los demás. Así, y solo así, crecerás internamente y comenzarás a comprender con el corazón lo que no se puede enseñar solo con palabras. Necesitas madurar...

- ¿Y cómo puedo hacer eso, Lívia? ¡Me gustaría mucho vivir aquí contigo! Pero siento que no podría vivir en un lugar tan equilibrado.

- Podrás, algún día, elevar tus vibraciones, purificar tus sentimientos y hacer del amor desinteresado por los demás tu sentimiento dominante. Ese día, cuando vibre dentro de ti el amor a Dios y a nuestros hermanos en la Humanidad, estarás preparado para vivir en hogares más benditos.

- ¿Y cómo hacer eso? ¿Cómo mejorar? ¿Qué necesito hacer? ¡Quiero mejorar, Lívia, vivir en un lugar maravilloso como este y conocer gente aun más genial! Vaya, ¿cómo será el cielo entonces?

- Ni siquiera tenemos capacidad para imaginar cómo son los mundos en un nivel evolutivo inmediatamente superior al nuestro, y mucho menos los recursos, imaginar, desde lejos, cómo podría ser la morada de Dios y los seres perfectos que gravitan en torno a ella. Tenemos mucho que trabajar para superarnos, estamos muy, muy lejos...

- ¿Y qué debo hacer, Lívia? ¿Qué puedo hacer para mejorar, para crecer?

- ¿Estás dispuesto a ensuciarte las manos? ¿Trabajar por el bien de los demás? ¿De verdad?

- Lo estoy. Quiero venir pronto a este lugar y ¡vivir aquí contigo! ¡Quiero hacer lo que sea necesario!

- Pues bien. Hablemos con alguien que también vive aquí. Él es mi instructor, mentor de mi desarrollo. Busquémoslo. Sin duda nos ayudará a tener una idea de lo que puedes hacer para mejorar, el tipo de trabajo que puede ayudarte en esta nueva experiencia.

Los dos siguieron por una amplia avenida rodeada de frondosos árboles.

Capítulo 21

Una nueva oportunidad

MIENTRAS CAMINABAN, Sergiño se ponía más ansioso. Había decidido hacer todo lo que le dijeran con tal de poder ir pronto a ese maravilloso lugar. Quedó encantado con cada paisaje, cada nuevo edificio que vio y cada rostro que vio. Notó que todos estaban ocupados y comprometidos, a diferencia de las personas que conoció en la clínica ambulatoria donde se estaba recuperando. Allí vio dolor y angustia en muchos rostros. En la Colonia que estaba visitando, todos parecían felices y emocionados.

Mientras se acercaban a un gran edificio, Lívia miró fijamente a su primo y le advirtió:

- Sergiño, has recibido mucha ayuda.

Ahora busca dentro de ti toda la fuerza que tiene tu alma para aprovechar esta oportunidad de la mejor manera posible. No sabemos cuál será la guía, qué recibirás; podría ser una instrucción que no le guste o con la que no esté de acuerdo. Pero en lugar de replicar y negarse, quédate en silencio, medita y trata de comprender. Aquí solo queremos tu bien, aunque al principio parezca algo incomprensible. Promete que controlarás tu temperamento, escucharás atentamente y actuarás con cautela.

Sergiño abrazó a su prima, agradecido:

- No te preocupes, Lívia. Aceptaré lo que me ofrezcan, sea lo que sea. Haré lo que sea necesario para mejorar.

Lívia sonrió y partieron en busca de su mentor. Clarencio los esperaba en una habitación, rodeado de muchos libros. Había títulos y más títulos alineados en los estantes, como en una biblioteca. Sergiño notó que algunos libros brillaban como si tuvieran su propia luz. Fueron recibidos calurosamente:

- Lívia, ¡qué maravilla verte! ¿Y este es Sergiño?

- Sergiño - dijo, en tono de respeto y casi de ceremonia - este es mi amigo y mentor, Clarencio, quien ha guiado mi trayectoria.

- Un placer, señor Clarencio.

- No es necesario que me llame señor, no. Puedes llamarme por mi nombre.

- Está bien. Y que Lívia te quiera con tanto respeto...

- Lívia es dulce. Entonces, ¿cómo vamos a ayudar?

Lívia se sentó en una silla, Sergiño en otra y los tres entablaron una conversación que duró largo tiempo. Lívia explicó detalladamente todo lo que estaba viviendo su primo y mencionó su deseo de progresar rápidamente, de crecer, descubriendo cómo podía contribuir al bien común.

Clarencio, que ya conocía la historia del chico, siguió atentamente las experiencias narradas por Lívia. Sergiño reafirmó su intención:

- ¿Sabes, Clarencio? Quiero venir a vivir con Lívia. Este lugar es especial, nunca había visto nada igual. Quiero venir aquí. Me siento tan bien aquí que hasta los dolores de mi pecho, que tanto me molestan, han desaparecido.

- Lo entiendo, Sergiño.

- Quiero venir pronto, ¿entiendes? ¡Tengo muchas ganas de vivir en un lugar hermoso como este!

Lívia y Clarencio se miraron en silencio, escuchando a Sergiño hablar de su deseo de mudarse pronto a aquella encantadora Colonia. Después de terminar su pequeño discurso, miró ansiosamente a Clarencio, quien permaneció en silencio unos minutos. Luego se levantó tranquilamente, se dirigió a la ventana de su habitación, que daba a un gran lago, y continuó en silencio, meditando. Sergiño, cada vez más ansioso, miró a Lívia y susurró:

- ¿Cuál es el problema?

- ¡Espera, Sergiño!

- Pero...

Clarencio se volvió hacia el chico y le preguntó:

- ¿Estás seguro que realmente quieres hacer algo, someterte a algún tipo de aprendizaje para mejorar?

- ¡Sin duda! Lo que me traiga aquí más rápido es lo que más deseo.

- Bueno, creo que tenemos un trabajo adecuado, que te exigirá mucho, Sergiño. Inicialmente recibirás una formación detallada, preparación para desempeñar tu nueva actividad. Posteriormente realizarás algunas pasantías, siendo acompañado por Lívia en sus primeras actividades, y si eres diligente y obtienes buenos resultados finalmente podrá asumir tu nuevo rol. Sin embargo, si no te esfuerzas lo suficiente durante el entrenamiento y la preparación, no se te considerará capaz de llevar a cabo esta tarea.

- No hay problema, me preparo, hago lo que sea necesario. ¿Cuál es la actividad después de todo?

Clarencio miró a Lívia, quien sonrió satisfecha, entendiendo sin necesidad de palabras lo que Clarencio pretendía.

- Serás un aprendiz de ángel guardián.

- ¿Un ángel de la guarda? ¡Que máximo! ¿De quién?

- Un aprendiz, Sergiño, por ahora solo un aprendiz; Te ejercitarás y aprenderás para que algún día, dependiendo de tu desarrollo espiritual, te conviertas en un verdadero ángel de la guarda.

- Vale, un aprendiz, pero ¿para cuidar de quién?

- Cuando estés en formación debes dedicarte a diferentes personas. Hay muchos que necesitan ayuda, por lo que harás ejercicio antes de enfrentarte a un protegido exclusivo.

- ¡Todo está bien! ¡Para terminar esta oportunidad! ¿Y cuándo comenzaré?

- Tan pronto regresen a su centro de recuperación comenzarán su entrenamiento. Y el resto dependerá de tu aplicación. Mientras más te dediques, estudies, trates de aprender, más pronto estarás preparado para iniciar tus actividades.

- Vaya, Clarencio, ¿cómo puedo agradecerte? Acepto de todo corazón esta excelente oportunidad. Estoy seguro que podré aprender rápidamente y pronto estaré aquí, viviendo en este lugar magnífico contigo y Lívia.

Clarencio abrazó al chico deseándole mucha fuerza y ya se alejó cuando enfatizó:

- Ten paciencia, Sergiño, que el proceso es largo. Sé paciente y persevera.

Se despidieron y emprendieron el camino de regreso. Las ganas de Sergiño de comenzar su formación pronto crecieron.

- Lívia, ¿qué hace exactamente un ángel de la guarda?

- Ayuda a la gente, Sergiño.

-¿Ayuda cómo?

- Pronto descubrirás todo a través de tu formación.

- ¿Ya has realizado este curso?

- Sí, y aprendí mucho.

A medida que se alejaban de la Colonia donde Lívia vivía, el dolor en el pecho de Sergiño resurgió. Cuando llegaron al Puesto de Socorro, el dolor ya molestaba al muchacho como antes.

- El dolor ha vuelto, Lívia.

- Lo sé. Ten paciencia, con calma y determinación lo superarás. Reza, Sergiño, dedícate a orar por algún tiempo, para cosechar los beneficios maravillosas de las oraciones.

- Voy a intentarlo.

- Es necesario ejercitar la oración para poder ser un buen aprendiz. Sin orar no logramos nada.

Sergiño la miró seriamente. Empezó a sospechar, aunque fuera levemente, que esta actividad le exigiría más de lo que le gustaría.

- Mañana comienza tu curso. Vendré temprano para acompañarte. Descansa, necesitas recuperarte.

- Gracias por todo, Lívia, eres un ángel. Lívia, sonriente, le dijo ingeniosa:

- ¡Ahora tú también lo serás! Aunque, por ahora, un aprendiz...

Sonrió alegremente y entró en su pequeña habitación.

Al día siguiente se levantó mucho antes que Lívia llegara. Se imaginó cómo sería el curso y qué aprendería.

Su prima lo encontró ansioso y angustiado:

- Lívia, que aprenderé en este curso, ¿cómo es?

- Tómalo con calma, ya verás.

Fueron juntos al edificio donde se llevó a cabo el entrenamiento. Allí pasaron a una pequeña sala en la que había algunas personas sentadas esperando que comenzara la clase. Lívia se despidió de su primo deseando éxito en su nueva tarea.

Sergiño se sentó inquieto en su silla, observando a todos los que lo rodeaban. Eran personas de edades diferentes. Algunos parecían sufrir dolor y angustia; otros, una resignación apática. Supuso que en un curso como ese los participantes estarían más emocionados y felices. Después de todo, ¡serían ángeles guardianes!

El instructor del curso presentó a Sergiño y a todos los integrantes de esa clase, que ya estaba en pleno apogeo, y lo guio:

- Para mantenerse al día con los demás, deberá estudiar los temas que ya han experimentado. Al terminar la clase nos quedamos un poco más y le doy la bibliografía que debes estudiar, investigar, para llegar a la clase. ¿Todo bien?

Sergiño sacudió la cabeza en señal de acuerdo.

Vamos un poco asustados. ¿Cuánto tendría que estudiar? Ese día salió de allí cargado de libros. Leería y meditaría sobre las lecciones. Algunos serían de vital importancia en sus tareas, como por ejemplo *"Los Mensajeros"*, de André Luiz. Deberá estudiar, anotar todas sus dudas y resolverlas al final de cada clase. El instructor se había ofrecido a quedarse hasta tarde todos los días, ayudándolo hasta que llegara al resto de la clase.

Una vez en su habitación, cerró la puerta, se sentó en una silla y suspiró:

- ¡Vaya, qué lío!

Miró abatido la pila de libros sobre la mesa y trató de decidir cuál sería el primero. ¿Caminó hasta la ventana? - Y cuando regresó vio otro libro y una nota sobre la cama:

"Empieza con este. Lívia."

Sergiño tomó el libro y lo hojeó. Él lo sabía: era *"El Evangelio según el Espiritismo."* Se sentó en el borde de la cama y recordó el cariño de su madre, estudiando ese libro en casa, en las noches de Evangelio. Lo abrió al principio y leyó durante el resto de la tarde.

Al anochecer apareció Lívia y salieron a caminar. Sergiño volvió a estar abatido y cansado.

- ¿Cuándo mejoraré, Lívia? ¿Cuándo?

- Sé paciente. Es necesario leer, meditar y, sobre todo, orar. Busca a Dios con todo tu corazón, Sergiño. Él te ayudará, como ya te está ayudando.

- Lo sé. ¡Y quería mejorar más rápido!

- Mantén la calma, lo importante es ir por el camino correcto.

* * *

LOS DÍAS SE VOLVIERON una rutina de estudio, lectura y largas caminatas con Lívia. Sergiño, a menudo se sentía desmotivado. Quería hacer cosas diferentes, ver lugares, ¡quería algo nuevo! Y a menudo amenazaba con darse por vencido. Esa tarea de estudiar y estudiar era agotadora. Vale, aprendía cosas interesantes, pero...

Lívia intentó estimularlo, animarlo para que no se rindiera:

- No son solo cosas interesantes, Sergiño, son sumamente necesarias para que puedas ayudar a la gente y al mismo tiempo sepas cuidar de ti mismo. Estarás en un ambiente más denso y pesado que aquí. Necesitas aprender a protegerte. No te desanimes, prometiste tener paciencia.

- ¡Está bien! Seguiré intentando.

Para Sergiño los días se hacían interminables. Estudió, un poco en contra de su voluntad, ya que realmente quería emoción, aventura y acción. Estudiar le parecía agotador y aburrido; sin embargo, como no había otra manera, leía y asistía a clases con mayor o menor atención, según el día.

Dos meses después, Sergiño se reunió con el grupo y poco a poco su interés fue creciendo. Ya podía concentrarse un poco más en las clases, cuando el instructor anunció que comenzaría una nueva etapa en el curso. Dedicarían la mitad del tiempo a estudiar la parte teórica, como ya lo venían haciendo, y la otra mitad se dedicaría a la práctica.

¡Sergiño estaba emocionado! ¡Por fin algo de acción! Después que terminó la clase, varios servidores más experimentados, se sumaron a los que iniciaban los pasos en la tarea de entregarse.

Lívia acompañaría a Sergiño en su primera sesión de ejercicios prácticos. ¡Estaba radiante!

Capítulo 22

Experimentando

DESPUÉS DE ALGUNAS instrucciones y recomendaciones, Sergiño y Lívia saldrían del aula, preparándose para el primer ejercicio práctico. Correspondería a Lívia evaluar el desempeño de su primo.

- ¿Y cuál será la misión, ya lo sabes? - Preguntó Sergiño, curioso.

- Sí.

- ¿Es importante? ¿Qué vamos a hacer?

- Todas las acciones para ayudar a los demás, grandes o pequeñas, son importantes, Sergiño. Pequeñas acciones se suman para construir un gran proceso. Lección número uno: nunca pases por alto una oportunidad de ayuda, sin importar cuán grande o pequeña sea.

- Está bien, lo entiendo. ¿Cuál será nuestra misión?

- ¿Recuerdas al conductor del autobús que atropellaste con tu moto?

- ¡Claro que no! ¿Cómo lo recordaría?

- No te dije que llevaba la culpa en el alma escondido, sintiéndote responsable de lo que te pasó a ti y a Paula?

- ¿Sí y qué?

- Ayudémoslo. Será tu primera misión.

- ¿Ayudarlo con qué?

- A liberarse de una culpa que no necesita ni debe cargar.

- ¿Qué pasa con Paula? Pensé que la ayudaríamos a ella. Dijiste que ella no está bien...

- No, pero no ha llegado el momento adecuado.

- ¿Por qué no?

Lívia lo miró casi enojada y dijo:

- Estudiaste muchos casos y sabes que todo tiene su tiempo. Llevaremos la ayuda a Paula, cuando esté en condiciones de recibirla.

Sergiño guardó silencio, recordando ejemplo tras ejemplo que había estudiado. Sabía que Lívia tenía razón. Luego sonrió y dijo:

- Está bien, Lívia, tienes razón. ¿Cómo se llama el conductor?

- Adalberto. Por hoy, descansa. Nos vamos mañana.

Sergiño la besó cariñosamente en la mejilla al despedirse.

Ya acostado, empezó a pensar en el conductor, intentando recordar el accidente. Esos recuerdos le causaron dolor y angustia; trató de sacarlos de su mente y se quedó dormido. En sueños volvió a ver el accidente y el rostro del conductor se le apareció claro, como si lo conociera.

Bien temprano, Lívia y Sergiño se marcharon. No pasó mucho tiempo y entraron en una pequeña casa en las afueras de São Paulo. Era una casa modesta, pero cuidada con mimo. Una joven estaba preparando el desayuno para dos niños.

- Vamos a la habitación. Adalberto está durmiendo. Trabaja toda la noche y duerme durante el día.

Cuando se acercaron, Sergiño se sorprendió al notar la ansiedad y la opresión enérgica en la zona del pecho del hombre.

- ¿Ves esta zona oscura en su pecho y rodeando toda su cabeza?

- Sí. Está angustiado.

- No habla con nadie, no puede expresar sus sentimientos de culpa por lo que les pasó a ti y a Paula, y esto está dañando su vida. La culpa reprimida y oculta le hace sentir inseguro al conducir y ya le ha causado varios problemas. Lentamente aparece un síndrome de pánico que, si no se trata, podría comprometer su vida. ¿Entiendes por qué necesitamos ayudarlo?

Sergiño se emocionó. Lágrimas brotaron de sus ojos que no pudo controlar. "Pobre hombre - pensó -, no fue su culpa y se culpa a sí mismo...."

Lívia notó la compasión que crecía en el corazón del muchacho y estaba feliz.

- ¿Cómo lo vamos a ayudar? - Fue la pregunta que escuchó.

- Vas a hablar con él.

-¿Yo? ¿Cómo?

- Lo llevaremos a un Centro espiritual serio, donde se realizan este tipo de tareas, y allí le enviarás un mensaje. Bien preparado, el mensaje caerá sobre él como un bálsamo reconfortante y lavará todo el dolor que siente. Por otro lado, recibirá asistencia magnética, a través de los pases, para restablecer completamente la energía en su campo periespiritual.

Por intuición de un amigo del matrimonio, la esposa de Adalberto fue aconsejada de llevarlo a un Centro espiritual. Al principio se mostró un poco reticente, pues no sabía nada de Espiritismo y tenía miedo; además, no tenía idea de qué sucedió en la vida privada de su marido. Para ella todo era normal. Aun así, ceder a la guía de una amiga en la que confiaba mucho y que ya había sido apoyada en otras ocasiones habló con su marido.

Adalberto, a pesar de estar rodeado de las energías de Lívia y del cariño de Sergiño, se defendió. No aceptó lo que le sugirió la mujer.

- Imagínate si tiene sentido, Matilde, que vaya a un Centro Espírita. ¡Dios no lo quiera! ¿Para hacer qué?

- Alice dijo que algo insistía en ella. Dice que deberíamos ir. Ella garantiza que esto siempre es una señal que algo diferente está sucediendo. Creo que deberíamos ir, Adalberto.

- ¡De ninguna manera! Eso no me gusta. ¿Y para qué? No lo haremos, no.

Lívia y Sergiño intensificaron sus esfuerzos. Oraban constantemente al lado del lecho de Adalberto, intentando fijar la idea en su mente, sin éxito.

- ¡Vaya, Lívia, qué difícil! ¿Qué pasa si realmente no quiere ir?

- Tendremos que respetarlo..

- ¿Y rendirnos?

- No. Podemos probar otras alternativas, que quizás no den los mejores resultados.

Afortunadamente la esposa de Adalberto no se dio por vencida. Continuó hablando del tema con su marido, quien unas semanas después, para librarse de su insistente acoso, acabó cediendo. Sergiño y Lívia quedaron completamente satisfechos. Sergiño podía, al fin y al cabo, transmitirle lo necesario a aquel hombre.

Esa misma noche, Sergiño y Lívia fueron al Centro espiritual, donde ya habían estado varias veces en actividades de preparación. Allí pasaron la noche y el día siguiente trabajando, junto con otros trabajadores de la casa.

Matilde y Adalberto llegaron puntuales, con su amiga. Una ansiedad inexplicable se apoderó de él. Sentía una expectativa por algo que no sabía definir. Se sentó y permaneció en silencio. Profundamente influido por Lívia y Sergiño, y también por su protector espiritual, que cooperaba con los dos jóvenes, pensó insistentemente en la noche del accidente y vio claramente, por primera vez, cómo la culpa lo angustiaba. Se argumentó a sí mismo que no era culpa suya, pero sentía que estaba ahí.

En cierto momento de la obra, Sergiño se acercó al médium que estaba recibiendo mensajes y lo rodeó de cariño en la forma que había aprendido. Había entrenado mucho durante todas las semanas que llevaban trabajando, ya que parecía muy difícil transmitir sus ideas a ese médium, a pesar de tener tanta experiencia y dedicación. Sergiño tuvo dificultades para transmitirle sus pensamientos; sabía que era su problema, no el del médium.

En el sincero deseo de ayudar a Adalberto, a quien se había encariñado, se esforzó lo más que pudo y finalmente se produjo la comunicación.

"Adalberto,

No te tortures inútilmente. No tuviste la culpa. Era mi responsabilidad y lo que pasó fue una fatalidad. No te torturas más. Me estoy recuperando y me harás muy feliz si olvidas de una vez por todas ese accidente y liberas tu corazón de esta culpa inútil.

Cuida a tus familiares con amor, como se merecen.

Mucha paz, Sergiño."

Cuando Adalberto escuchó el mensaje sintió una explosión de alivio en el alma. Entendió que el joven herido estaba presente, ofreciéndole compasión y apoyo. Lloró como un niño al verse liberado de una pesada carga. Matilde sospechaba lo que estaba pasando, mientras Alice, que desconocía por completo lo sucedido, quería saber más detalles.

Después de terminar el trabajo de la noche, Adalberto les contó a todos lo que había estado sufriendo y dijo que ese mensaje le había traído nuevamente alivio y alegría; había liberado su corazón del peso que había sentido desde que se enteró de la muerte del chico en el accidente.

En las semanas siguientes, Lívia y Sergiño observaron de cerca al conductor, hasta comprobar su completa recuperación y su reequilibrio psíquico y emocional. La tarea fue completada.

- Bien, Sergiño, es hora de volver. ¿Cómo te sientes?

- Estoy bien. Aunque todavía me molesta mucho el dolor en el pecho, me siento feliz.

- Cada vez será mejor, créeme.

Lívia y Sergiño abandonaron la corteza terrestre y regresaron a la Colonia de recuperación donde estaba el chico en preparación. Satisfecha, Lívia saludó a su primo:

- Felicitaciones primo mío, te fue bien en tu primera experiencia.

- ¿De verdad lo crees?

- Lo creo. Un poco impaciente por momentos, pero todo salió bien. Creo que lograste hacerte una idea de las dificultades que encontrarás. Sabes que, en el caso de Adalberto y Matilde, su corazón sencillo y amoroso nos permitió ayudarlos prontamente. No será así para todos. Solo aquellos que tienen un corazón puro y una fe sincera nos permiten hacer una conexión rápida, y entonces los resultados son más efectivos. Primeras situaciones en las que desafortunadamente, la resistencia ni siquiera se nota.

- Y estudiamos casos como este en clases. Sin embargo, veo que aquí, en contacto directo con las emociones de las personas, todo puede volverse más difícil.

- Sí, ahora lo entiendes. Depende mucho de ellos, de la disposición de cada uno a recibir ayuda, de cómo dejan crecer la fe en el corazón y mantienen viva la esperanza. De todos modos, no te preocupes. Tu aprendizaje apenas comienza. Este fue un ejercicio pequeño y simple. Se está planificando tu primera tarea como aprendiz de ángel de la guarda.

- ¿Podremos ayudar a Paula?

- No lo creo todavía... lo cual no te impide ayudarla ahora, orando por ella.

- Ya estoy haciendo eso.

- Genial, entonces persevera, llegará el momento y hay que estar bien preparado.

Capítulo 23

La primera misión

EN LA SALA se respiraba una gran expectación. Los aprendices estaban ansiosos por escuchar a sus compañeros y, sobre todo, por saber qué vendría después.

Lívia hizo una evaluación detallada de la experiencia y el desempeño de su primo, y él se sorprendió al escucharla. Sus deficiencias y dificultades, señaladas con amabilidad y cariño, fueron informadas para que pudiera superarse. Sergiño estaba un poco molesto; sin embargo, notó la ternura de Lívia y comprendió que era por su bien.

Al final, una vez hechas las evaluaciones, todos continuarían con las clases teóricas. En unas semanas, se asignaría la primera tarea a cada persona. Sergiño estaba frustrado. Había disfrutado de su experiencia y quería más acción. Se dejó caer en la silla y se puso serio. "¿Cuándo podré volver a actuar?" – Pensó molesto. Lívia, que salía de la habitación, le reprochó con la mirada. Él entendió y dijo en voz baja:

- Lo sé. ¡Paciencia, paciencia!

Lívia se fue y lo dejó con sus clases.

Pasaron las semanas y las expectativas de Sergiño aumentaron. Después de experimentar algunas dificultades que le presentaban sus nuevas tareas, estudió más. A pesar de esto, volvió a sentirse disgustado. El tiempo pasó y el momento de actuar nunca llegó.

Una mañana, resueltamente, fue a hablar con el instructor.

- Pensé que debíamos empezar de inmediato, ya estaban listos..

- Sé cuánto apreciaste tu experiencia; lo que hay que entender es que tuvo lugar en condiciones estrictamente controladas y en un caso muy sencillo. No todos serán así. Te enfrentarás a situaciones mucho más complejas y necesitarás estar bien preparado; de lo contrario, podría resultar perjudicial tanto para ti como para aquellos a quienes desea ayudar. Todavía no estás listo. Debes estudiar más, educarte mejor.

- Pero, ¿no será una tarea acompañada de Lívia?

- Apoyado, no totalmente acompañado.

- ¿Cómo así?

- Lívia estará presente parte del tiempo, dando orientación e instrucciones, pero la tarea la realizarás tú. Y créeme, sentirás la diferencia.

- Lo sé. Lívia tiene experiencia y tiene luz propia.

- Y entendiste lo que quise decir. Sé paciente. Sigue estudiando con calma, se acerca el momento adecuado.

- ¿Puedo al menos saber cuál será la tarea?

-Todavía no. Lo sabrás cuando llegue el momento.

Sergiño quedó abrumado y opuesto. A pesar del amor que había adquirido por estudiar, hacer cosas, estar en contacto con la gente, era mucho más interesante y estimulante. Por otro lado, sabía que en ese curso la disciplina era fundamental. Mesías, siempre atento y afectuoso, era al mismo tiempo sumamente disciplinado y estricto, tomándose todo en serio.

Pasaron los días, las semanas llenas de clases y más clases, libros y más libros. Además, algunos viajes a la Tierra para observación y aprendizaje, visitas rápidas con toda la clase para estudiar algunos ejemplos prácticos. Sergiño era el más ilusionado en estos viajes. Para él, aunque fueran cortos, ya eran algo. El grupo aprendió importantes lecciones de los procesos examinados. Finalmente, para entusiasmo y alegría general, el gran día fue anunciado. Las clases se interrumpirían temporalmente por prácticas. Recibirían la primera asignación individual.

Sergiño seguía esperando fervientemente que Paula fuera la elegida para ser ayudada por él.

Todos estaban ansiosos. El instructor comenzó a informar a cada uno de su misión: algunos ayudarían a personas cercanas a ellos, familiares, amigos o conocidos; otros trabajarían junto a extraños.

Finalmente llegó el turno de Sergiño. Escuchó atentamente, sin apenas respirar, esperando escuchar el nombre de su novia. ¡Qué nada! Nueva frustración. ¡Una vez más ayudaría a alguien que no conocía! ¿Por qué las cosas nunca fueron como él quería?

- Las cosas siempre salen para nuestro bien, aunque no sean como nos gustaría que fueran. Puedes estar seguro, Sergiño: nuestro Padre nunca nos da nada que no esté dirigido a nuestro bien, tengamos o no la capacidad de comprender sus intenciones. Nuestro entendimiento es muy pequeño y nuestra visión muy limitada. Necesitamos confiar en Dios y entregarnos a Él sin reservas. Cuando hacemos esto, el Padre invariablemente nos guía por los caminos que nos traen lo mejor. ¡Vamos, anímate! Te gustará Paulito; Además, ¡realmente necesita ayuda!

Sergiño intentó levantarle un poco el ánimo y preguntó:

- ¿Lívia me acompañará?

- Sí. Ella ya lo sabe todo en detalle. Llegará pronto para comenzar a programar la tarea. Aquí tienes un *dossier* completo sobre el caso Paulito. Debes estudiarlo detenidamente para poder comprenderlo y las circunstancias que lo rodean.

Sergiño tomó el documento de las manos del instructor con la información que tendría que saber sobre el niño. Suspiró resignado y comentó:

- Entonces es mejor empezar pronto.

- Eso mismo. ¡Cuanto antes mejor!

Capítulo 24

Paulo

CON UN FONDO LLENO de hojas de papel en las manos, se despidió de sus compañeros y se dirigió a su habitación, apretujado. "¿Por qué las cosas tienen que ser así? ¿Por qué todo es diferente de lo que esperamos?"- Se cuestionó.

Permaneció inmerso en sus pensamientos, buscando sinceramente captar las primeras lecciones de su nueva actividad, cuando escuchó una voz familiar detrás de él:

- Y eso es lo que te hará crecer, Sergiño. Discutir, pensar, reflexionar.

- ¡¿Estás lista, Lívia?!

- Tenemos urgencia de comenzar nuestra tarea. Hay muchos que necesitan ayuda y pocos que estén seriamente dispuestos a ayudar de la manera correcta. Muchos incluso piensan que quieren ayudar, pero se empeñan en hacer las cosas a su manera y, en la mayoría de los casos, los resultados acaban comprometiendo a ambos.

- ¿A ambos?

- Sí, a quien se ayuda y a quien ayuda. Todos estamos aprendiendo, Sergiño; estemos donde estemos, la vida nos trae nuevas lecciones cada día. Solo necesitamos estar atentos para entenderlas. Exactamente como lo hiciste hace un rato. Para crecer, debemos reflexionar y cuestionar, estudiar y meditar.

- Aquí tengo la información de mi protegido. Mesías dijo que conoces todos los detalles.

- Sí, ya me enteré de los hechos. La serie está completa, e incluso he estado varias veces con él para seguir la situación.

- ¿Y cómo lo vamos a hacer? ¿Cuándo nos iremos?

- Creo que necesitas dos o tres días para asimilar toda la información. Luego tendremos más tiempo para discutir y planificar, y luego podremos irnos.

- ¿Cuánto tiempo?

- Creo que cuatro días son suficientes.

- ¡¿Cuatro días?! ¿Todo eso?

- Toma tu tiempo. Prepárate en consecuencia. Serás más productivo para todos.

Llegaron a la habitación del chico. Lívia lo abrazó afectuosamente y acordaron reunirse en tres días para arreglar los detalles del proyecto.

Sergiño entró resignado. Acercó un cómodo sofá que estaba al lado de la cama, cerca de la ventana. Quería empezar a estudiar el caso. Él era pura curiosidad por saber de qué se trataba. Acomodándose para aprovechar la luz natural, se dispuso a leer el expediente, que constaba de tres grandes libros. Al abrir el primero, comenzó a estudiar detenidamente la información relativa a la vida del joven Paulo.

LEJOS DE ALLÍ, Paulito no podía imaginar lo que estaba por pasar en su vida. Con poco más de nueve años, era casi un niño adulto. Vivía en una favela de São Paulo y no conocía otra vida que esa. La pobreza y el sufrimiento eran parte de su vida diaria.

Su madre crio sola a Paulito y a sus hermanos, ya que su padre, un narcotraficante, había muerto en un enfrentamiento con la policía. Ella, aunque sencilla y humilde, carente de todo, nunca había estado de acuerdo con las actividades de su marido. Desde que él murió, ella había vivido con miedo. Lavaba ropa por encargo y limpiaba casas para mantener a sus siete hijos, el más pequeño tenía ocho meses. Y pidió a sus hijos que nunca salieran solos de la pequeña casa en la que vivían. Paulito era el mayor, un buen niño. Para él; sin embargo, la vida era lo que le rodeaba. Las hermosas casas, los lindos lugares.

Cosas que conocía esparcidas por la ciudad, a veces parecían tan distantes como las estrellas que pocas veces veía en el cielo: existían, pero eran inalcanzables. Aun así, todas las noches, cuando se iba a la cama, pedía en voz baja a Dios que le ayudara. Algo en su corazón le decía que, a pesar de todo lo que padecía, alguien más grande que todos cuidaría de él y su familia. Sufría cuando veía a su madre, después de trabajar duro todas las noches, acostarse tarde y agotada. A veces la oía llorar bajito, cuando pensaba que ya todos estaban dormidos. Y su corazón de niño, impotente, se desesperaba ante la imposibilidad de ayudarla. También lloró y se quedó dormido entre lágrimas de dolor y agonía.

Después de una de esas noches, Paulito dijo mientras tomaba lo que sería su única comida hasta la hora del almuerzo: solo un vaso de café:

- Mamá, vender dulces en el semáforo no ayuda, ¿verdad? ¡Falta todo! ¿Y si vamos a curar a Cacau - era el antiguo socio de su padre - y le pedimos ayuda?

- Nada de eso. No quiero que tú y tus hermanos mueran por causa de esos. Lleva a Lindomar contigo, para vender más.

- ¡Solo tiene cinco años!

- ¿Y eso? Hay un niño menor que él pidiendo dinero por amor, ¿no?

- Sí, pero...

- No preguntará, trabajará...

- Sí, pero Luizón está muy enojado, mamá. ¡Si Lindomar trastabilla, recibe un bofetón!

- ¿Te pega?

- ¡No me golpea porque soy inteligente! Pero Lindomar, por pequeño que sea, acabará poniéndose de moda; ¡Y no podré ver cómo lo golpean sin hacer nada!

Jacira pensó un poco, miró a su hijo y suspiró profundamente. Entonces él dijo:

- Déjalo en paz, Paulito. Dios nos ayudará. Vamos a encontrar una manera. Sigue vendiendo los dulces. Un día las cosas mejorarán.

Paulito sonrió al ver que su madre mostraba cierta esperanza. Era lo único que tenían: la esperanza que algún día las cosas mejorarían.

Salió un poco más emocionado de afrontar su dura y agotadora jornada de trabajo.

Sin embargo, al final de ese día, un extraño ardor recorrió su cuerpo, como si algo lo estuviera quemando adentro. Todo su cuerpo se sentía raro. No le dijo nada a su madre para no preocuparla. Tal vez fue una gripe o algo así, y pronto estaría bien. Se acostó temprano y su madre se sorprendió, ya que Paulito siempre era el último en irse a dormir. Debe estar mal, pensó. Con el paso de los días, Paulito se sentía cada vez más enfermo e incómodo; Algo no estaba bien en su cuerpo. Aun así permaneció en silencio. No quería preocupar a su madre y no tenía a nadie más a quién hablar.

A veces, mirando por la ventanilla de un coche, veía dentro, madre e hijos en el asiento trasero. ¡Siempre parecían tan felices y alegres...! Quería pedir ayuda, decirle cómo se sentía y ver si alguien podía ayudarlo, ¡pero quién podía! Casi nunca hubo una mirada complaciente. Todos fueron duros y groseros. Regresó a la acera con la cabeza gacha, sin poder desanimarse, Luizón vigilaba a todos y Paulito no quería ser regañado por el grandullón. Tenía miedo, mucho miedo de él.

Pasó el tiempo y Paulito seguía sintiendo el extraño ardor, especialmente en el pecho y los hombros. Como el sentimiento persistía, esa noche, antes de irse a dormir, se dirigió a casa de doña María, vecina de toda la vida. Tenía un espejo grande y el niño quería ver mejor su pecho, cerca de su cuello, que ardía y donde sentía fuertes oleadas de calor, como si algo lo quemara. Su espalda también empezaba a arder y quería saber por qué. En su casa solo había un pequeño espejo, del tamaño de su rostro, que no le permitía ver todo su cuerpo.

-Hola señora María, ¿puedo ir a su espejo grande?

- Hola, Paulito, puedes. ¿Cuál es el problema?

- No lo sé, solo quiero mirar.

- Está bien, adelante.

Paulito se acercó al espejo en el que casi podía verse por completo. Se quitó la camisa y se asustó. Su pecho, cerca del cuello y más abajo, estaba cubierto de manchas rojas, y en algunas de ellos empezaron a formar pequeñas burbujas. Miró sus hombros y notó que estaban aun más rojos. Se giró y observó que su espalda, en la parte inferior o a la altura del cuello, tenía estas manchas rojas, en las que también habían aparecido pequeñas ampollas. Quedó asombrado: por eso sentía tanto ardor. ¿Qué cosa tan horrible fue eso? ¿Qué le estaría pasando a tu cuerpo? Aterrado, dejó la habitación antes que doña María se acercara.

- ¿Y ahí? ¿Cuál es el problema? - Ella preguntó.

Paulito pensó rápidamente y respondió:

- Quería ver si subí de peso, señora María. Estoy intentando ganar peso, ¿sabe? Mi madre sigue diciendo que estoy delgado y que necesito ganar peso. Quería ver si había ganado un poco de peso.

Doña María sonrió y cariñosamente colocó el nombre en la cabeza del niño.

- Gracias, señora María. Vuelvo después. ¿Quieres algunos dulces?

- Puedes traer algo de comida. Mis nietos vienen a la otra montaña y tampoco serán ninguno de los dos.

- Está bien. Traigo una araña sin falta.

Se despidió y volvió a casa como un rayo. Estaba aterrorizado. ¿Qué hacer? Fue directo a la cama, se metió bajo las sábanas y se pasó los brazos por los hombros, la espalda y el pecho. Y empezó a pensar en lo que podría tener. No quería decírselo a su madre y preocuparla aun más. Ya tenía bastantes problemas con todos sus hijos, con la casa, con todo; no quería que ella estuviera triste. De repente pensó: "¿Y si estoy enfermo?" Y si es algo, ¿qué sería?" En invierno ya no se quitaba la camiseta, ni siquiera cuando jugaba con amigos, lo cual, de hecho, era raro.

Paulito se estremeció. No sabía qué hacer ni quería pedir ayuda. Lloró suavemente, pidiéndole a Dios que si podía oírlo, si realmente existía, lo ayudaría. Solo después y con mucha dificultad se quedó dormido.

Capítulo 25
Últimos preparativos

SERGIÑO NO PODÍA quitar la vista de los papeles. Solo se detenía para comer, meditar y orar, pues le asustaba lo que leía. La historia del joven Paulo y su familia lo conmovió. No se había imaginado cuánto dolor y sufrimiento había en la vida de las personas. A menudo, mientras leía, sus ojos se llenaban de lágrimas. Los secó y sintió el deseo de ayudar crecer dentro de él. Por otro lado, se dio cuenta que él también necesitaría ayuda.

Apenas había terminado de leer el expediente cuando apareció Lívia.

- ¿Cómo sabes que terminé? ¿No dijimos tres días?

- Sabía que lo leerías más rápido. El caso es cómo desahogarnos y el deseo de ayudar nos impulsa a acelerar la lectura.

- Es verdad.

- Tendremos mucho que hacer y aprender. Arriba sobre todo es fundamental amar a nuestros semejantes, para poder ayudar. ¿Estás listo para hacer los últimos preparativos?

- Estoy.

Lívia y Sergiño, comprometidos a hacer posible el primer gran viaje del chico como aprendiz, iniciaron un largo período de oración. El amor, el ingrediente más importante, debía fortalecerse en el corazón de Sergiño. Sin amor sería imposible cosechar resultados eficaces, incluso si las ganas de colaborar eran grandes. A la buena voluntad fue fundamental añadir amor para que el trabajo florezca y dé frutos.

Mientras oraban, una luz radiante se derramó sobre ambos. Fueron bañados en fluidos revitalizantes y el amor que sentían se intensificó. En ese sincero impulso de servir, energías vigorosas los unieron con elevados benefactores espirituales.

Todavía estaban orando cuando una entidad rodeada de mucha luz entró en la habitación:

- Que la paz de Jesús los envuelva y fortalezca sus propósitos de ayudar.

Lívia se conmovió; Sergiño ni siquiera podía levantar los ojos, ante la luminosidad y pureza que emanaba de la entidad, y lágrimas de emoción cayeron por su rostro al escuchar:

- La tarea que estás a punto de comenzar será de gran importancia en tu aprendizaje, Sergio.

Los constantes llamamientos del joven Paulo y de su madre nos han llegado como suspiros de desesperación. Sus protectores los rodean de apoyo constante, pero la familia ahora necesita una mayor intervención y apoyo. Se acerca un momento muy grave en sus vidas y no están preparados para lo que está por venir. Les falta apoyo. Que Dios los bendiga en la tarea que emprenderán. Siempre contarán con nuestro apoyo. Vayan con la bendición de Jesús.

Y poco a poco, frente a los dos jóvenes, el ente luminoso desapareció..

Lívia y Sergiño intercambiaron impresiones sobre esa experiencia y continuaron preparando la tarea.

De repente, la ansiedad de Sergiño desapareció y fue reemplazada por el miedo. Miedo a no cumplir su misión, miedo a no saber qué hacer, cómo hacerlo. Sintiendo sus emociones y dándose cuenta de sus miedos, Lívia intentó calmarlo:

- Ten fe, Sergiño. No estarás solo.

- ¿Y si fallamos? ¿Qué pasa si no podemos ayudar? Pobre niño y familia.

- No estaremos solos.

- Sí, pero... no sé, si no somos capaces de transmitir correctamente lo que necesitamos... ¿Si la gente no nos escucha?

- Sin duda, nuestro mayor obstáculo es a menudo el sagrado derecho de las personas al libre albedrío.

En cualquier caso, contaremos con corazones caritativos, que estén en sintonía con la necesidad de ayudar a los demás, y que serán nuestros aliados.

- ¿Qué pasa si la gente no quiere hacer lo que sugerimos?

- Es su derecho, Sergiño.

- Entonces sufrirá...

- Es su derecho.

- ¡Incluso quién necesita ayuda!

- El tiempo siempre contribuye. Tarde o temprano todos se rinden y aprenden. Sin embargo, nunca podremos violar el libre albedrío de nadie. Dios no lo hace. Respeta a las criaturas y está siempre presente, dispuesto a ayudar. Ten fe y controla tus miedos; simplemente se interponen en el camino. Domina tus pensamientos y recuerda todos los ejemplos que estudiaste.

Sergiño se concentró y permaneció en silencio, intentando recordar el aprendizaje adquirido a lo largo de su formación. Intentó calmar su mente y, por primera vez, recordó el énfasis con el que Lívia le había hablado sobre la oración y lo relevante que sería en sus tareas. Luego oró pensativamente, pidiendo ayuda al Altísimo. Lívia sonrió satisfecha al observar los avances de su primo.

Sergiño se calmó y pudieron continuar con los preparativos.

Al final de la noche siguiente todo estaba listo.

Saldrían por la mañana, tras la última reunión con Mesías, el asesor de curso de Sergiño.

Antes de despedirse para el necesario descanso, el chico le dijo a su prima:

- Lívia, no me imaginaba que hubiera una enfermedad como la que afecta a Paulito, y mucho menos a su origen, en este caso concreto. Nunca pensé que el pasado pudiera reflejarse de esta manera en la vida presente. ¡Qué cosa!

- Es la ley de causa y efecto, Sergiño. Todo lo que plantamos, cosechamos. Nada escapa a esta regla de la Justicia de Dios. Por eso tratamos de crear conciencia entre nuestros amigos, aun en la Tierra, para que sean verdaderamente responsables de sus acciones y sepan que nosotros creamos nuestro futuro, nuestras vidas, nuestros destinos, mientras tomamos decisiones todo el tiempo.

- Qué difícil es entender esto, ¡especialmente cuando estamos ahí! Muy difícil.

- Y, sobre todo, en casos como el de Paulito y su familia. Saben poco o nada sobre asuntos espirituales. Hay un largo camino por recorrer. Pero seguramente esta enfermedad que afecta a Paulito podría transformarse en una bendición para toda la familia.

- ¿Y cómo, Lívia? ¿Cómo podría ayudarles una enfermedad como ésta, en una familia que ya sufre tanto? ¿Cómo pueden beneficiarse de una enfermedad como los incendios salvajes? Sé todo de lo que ya hemos hablado y sigo pensando en las dificultades que enfrentarán para aceptar todo esto.

- Sergiño, tendrán la oportunidad de descubrir cosas que abrirán nuevos horizontes para que sus almas adoloridas crezcan y evolucionen. Haremos todo lo posible para apoyarlos en esta difícil etapa, para encontrar la paz y la fuerza que les hará superar este proceso de aprendizaje en sus vidas. Este será tu trabajo: ayudarlos a encontrar la luz en medio de la oscuridad, a creer en el amanecer, a pesar de la noche oscura, a ver el Sol, en medio de la tormenta que se avecina. Que Dios te sostenga, Sergiño, en la bendita tarea que realizarás.

Sergiño suspiró resueltamente. Tenía en su corazón el deseo sincero de ayudar a esas personas.

- Bueno, Lívia, por algún lado tenemos que empezar, ¿no? Sé que todo estará bien. Espero que así sea, porque lo que más deseo - además de ayudar a la gente, claro - es irme a vivir contigo a esa maravillosa Colonia... Y dejar de sentir este dolor que insiste en molestarme.

- Sergiño, nuestro futuro pertenece a Dios. Sabe lo que es mejor para nosotros, como es el caso de Paulito. Todo parece perdido, y es precisamente entonces cuando aparece la solución, cuando llega la transformación para mejor. Aunque parezca contradictorio, al final, si perseveran, lo entenderán; y tú también. Las cosas no siempre son como imaginamos, y necesitamos tener fe, confianza en Dios y su amor, sobre todo.

- ¿Qué intentas decirme, Lívia?

- Nada, salvo que a nosotros nos corresponde confiar en Dios, siempre, pase lo que pase.

Lívia interrumpió deliberadamente el diálogo:

- Me tengo que ir ahora. Necesitas descansar. Vas a comenzar una nueva experiencia y debes estar preparado. Hasta mañana. Vengo a buscarte muy temprano.

- Hasta mañana.

Lívia salió de la habitación, dejando a Sergiño avergonzado. Ya conocía a su prima lo suficiente como para saber que ella no decía nada sin un motivo. ¿Qué había detrás de sus palabras? ¿No podría irse a vivir a esa Colonia, con ella, incluso si hiciera todo lo que quisiera? "¡No, no es posible! - pensó, después de todo -. Si me esfuerzo y hago todo bien, sin duda tendré derecho a ese hermoso lugar."

Esa noche le costó conciliar el sueño, meditando durante mucho tiempo sobre todo lo que le había sucedido desde su partida, desde que dejó la Tierra. Pensó en doña Eugenia y Felipe, en Fabio y Sueli, sintiendo tal anhelo que el corazón se le oprimía que le dolía aun más el pecho. Las ganas de verlos eran enormes. A menudo recibía noticias, especialmente a través de Lívia, que les estaba yendo bien, pero deseaba intensamente estar con ellos. Sin embargo, las actividades y responsabilidades que había asumido le impidieron, por ahora, mayor contacto con la familia.

El anhelo era inmenso. Sin embargo, guardaba en su corazón la esperanza que en el futuro estaría con ellos. Y resignado, acabó quedándose dormido. Su sueño estuvo lleno de recuerdos de su reciente encarnación, los cuales se mezclaban con recuerdos más antiguos, de un pasado que estaba completamente perdido en su inconsciente.

Capítulo 26

Pedid y obtendréis, buscad y encontraréis...

POR FIN AMANECIÓ. Sergiño despertó algo confundido y aun inmerso en recuerdos cuando Lívia vino a recogerlo para el nuevo viaje.

- ¿Entonces, cómo te sientes? ¿Animado?

- Tuve una noche extraña. Las imágenes lejanas se confundieron con los recuerdos de mi familia. Fueron ellos, y al mismo tiempo fueron otras personas, no lo puedo asegurar. Todo era incomprensible.

- Es natural que esto suceda, Sergiño.

- ¿Cómo así?

- Se acerca un momento nuevo y significativo en tu existencia. Siempre que tenemos que afrontar cambios, nuestros miedos, nuestras imperfecciones, nuestros fracasos aparecen como nubes para asustarnos. Nunca debemos detenernos ante emociones como éstas. Nos dicen que está surgiendo un nuevo comienzo. No creo que antes estabas ocupado. Esta es una señal nata, lo que significa que estás en el camino correcto.

Sin entender realmente de qué hablaba Lívia, Sergiño se limitó a sonreír y preguntó:

- Bueno, entonces, ¿podemos irnos?

- Sí. Mesías nos espera para las últimas instrucciones. Desde allí partiremos inmediatamente.

Al cerrar la puerta, Sergiño miró con cariño la acogedora habitación que le había dado momentos de quietud y reflexión. Mientras caminaban, contemplaba la naturaleza que lo rodeaba con nuevo sentimiento y se dio cuenta que extrañaría ese hogar temporal.

El instructor los estaba esperando. La reunión fue breve y objetiva. Mesías reforzó algunos puntos cruciales que Sergiño debería observar, particularmente en relación con su conducta y también en relación con alguien sino herramientas que necesitaría utilizar con destreza, para recibir ayuda cuando la necesitase e igualmente para ayudar con eficiencia. Al notar los miedos e inseguridades que rodeaban la mente del chico, Mesías concluyó:

- No tengas miedo. Todo saldrá bien siempre y cuando mantengas siempre una actitud positiva. Nunca realices ninguna acción sin antes consultar al protector que acompaña a cada uno de los encarnados con los que estarás cerca. Ten respeto por todos; respeta cada decisión, cada vida, nunca fuerces; dando tus ideas o imponiéndose a nadie.

- Es el libre albedrío...

- Exactamente. Debemos respetar a nuestros hermanos, así como Dios respeta nuestras decisiones.

No te angusties, ten paciencia y sepa comprender a tus hermanos. Esto es fundamental en tus nuevas actividades. Y cuando tengas dudas o dificultades, no tomen ninguna decisión sin pedir cooperación. Lívia estará contigo durante el primer período de adaptación; por lo tanto, tu entrenamiento aun no ha terminado. E incluso después de dejarle realizar el trabajo solo: lo habrá acompañado desde lejos. Nunca estarás solo.

- ¿Y tendré un ángel de la guarda?

-¿Qué crees que ha sido Lívia para ti?

Sergiño miró sorprendido a su prima. ¡Él no se diera cuenta de esta verdad! ¡Ella había sido su ángel guardián! ¿Cómo no había pensado en eso? Cuando mencionó expresar las preguntas que surgieron en su mente, Lívia pidió silencio:

- Hablaremos de eso más tarde.

Terminaron ese encuentro orando a Dios para que bendiga a todos en la tarea que comenzaba y también oraron, con profundo amor, por Paulito y toda su familia, para que verdaderamente pudieran recibir toda la ayuda que necesitaban.

Cuando terminaron, rodeados de fuerte emoción y entre lágrimas, Lívia y Sergiño se despidieron de Mesías y otros amigos, partiendo sin demora para la tarea que les esperaba.

Llevaban en sus corazones, llenos de esperanza, el deseo de ayudar y la fe, conscientes que la Ley del Amor incluye ayuda y apoyo para todos aquellos que buscan sinceramente la protección del Padre.

Sergiño y Lívia bajaron como respuesta de los bienhechores espirituales a los pedidos de Paulito y su madre. Dios había escuchado sus oraciones y envió refuerzos.

Extras

El Evangelio en el Hogar

ES EL CULTO DOMÉSTICO realizado por la familia, con día y hora definidos, donde la lectura del Evangelio y la oración en conjunto alientan a los miembros a meditar en las enseñanzas de Jesús y buscar fortalecer su relación en la bondad y el amor.

"Se puede probar un *script* simple: elija el día de la semana y la hora a seguir estrictamente; si es posible, precederlo con alguna música suave, una jarra de agua para fluidificar; rezo inicial; lectura de *El Evangelio según el Espiritismo* y libros de mensajes, como: *Viña de Luz, Pan Nuestro*... y otros; comentarios ligeros sobre los textos leídos, hechos del día, etc.; y finalmente, oración final con distribución de agua a los presentes. Duración de quince minutos."

Chico Xavier *Fuente de Luz y Bendición*, Urbano Teixeira y Dirceu Abdala, Gráfica IELAR, capítulo 9.

"El hogar es la escuela de las almas, el templo donde la sabiduría divina nos permite, poco a poco, alcanzar una gran comprensión de toda la humanidad."

Jesús en el Hogar, Francisco Cândido Xavier, por el espíritu Neio Lucio, FEB, página 20.

Jesús en el Hogar, Francisco Cândido Xavier, por el espíritu de Neio Lucio, FEB.

Los Mensajeros, Francisco Cândido Xavier, por el espíritu de André Luiz, FEB.

Evangelio en el Hogar a la Luz del Espiritismo, Maria Tonietti Compri, FEESP.

Contacto con el Plano Espiritual durante el Sueño

"... EL DORMIR LIBERA AL ALMA parcialmente del cuerpo. Al dormir, el hombre se encuentra durante algún tiempo en el estado en el que queda definitivamente después que muere.

Gracias al sueño, los espíritus encarnados están siempre en contacto con el mundo de los espíritus..."

El Libro de los Espíritus, Allan Kardec, preguntas 400 a 418.

• El Consolador, Francisco Cândido Xavier, por el espíritu Emmanuel, FEB, página 43.

Inconciencia de la Muerte

"...ESTE ESTADO INTERMEDIO entre la vida corporal y la espiritual es uno de los más interesantes de estudiar, porque presenta el singular espectáculo de un espíritu que considera material su fluidez corporal, experimentando al mismo tiempo todas las sensaciones de la vida orgánica...."

El Cielo y el Infierno, Allan Kardec, traducido Manuel Justiniano Quintana, 2da Parte, capítulo I, punto 12.

El Cielo y el Infierno, Allan Kardec, 2 Parte, capítulo I.

Chico Xavier

FRANCISCO CÂNDIDO XAVIER nació en Pedro Leopoldo, pequeña ciudad cercana a Belo Horizonte, el 2 de abril de 1910, y falleció el 30 de junio de 2002, en Uberaba.

Su infancia fue humilde y marcada por dificultades. Perdió a su madre muy temprano y su padre decidió distribuir a sus nueve hermanos en casas de familiares y vecinos. Chico comenzó a vivir con una tía, la señora Rita de Cassia, quien en sus momentos de crisis nerviosas maltrataba al niño. Chico, que entonces tenía cinco años, buscó el consuelo de la oración: bajo viejos plátanos en el patio trasero; allí fue cuando el espíritu de su madre se le apareció por primera vez. A partir de entonces, todos los días por las tardes, el pequeño seguía sal patio trasero, para reencontrarse con su amada madre, bajo los viejos árboles, viéndola y escuchándola, después de la oración. Doña María João de Deus lo apoyó con consejos y orientación y lo consoló en los momentos difíciles, enseñándole a luchar y a ser fuerte. Después de dos años de sufrimiento, el padre de Chico, el señor João Cândido Xavier, decidió casarse de nuevo. Doña Cidalia Batista, la segunda esposa, reclamó a los hijos de Doña María João de Deus, que estaban dispersos en diferentes casas.

Después de la boda, Chico ya no vio el espíritu de su madre durante diez años, pero continuó durante toda su adolescencia encontrando espíritus mientras dormía. Joven sencillo, al que le calzan sus primeras botas a los quince años de edad, y solo estudió hasta cuarto año de primaria - gracias a la insistencia y compromiso de doña Cidalia -, Chico trabajaba desde muy pequeño. Cuando falleció doña Cidalia, él era un niño; Su padre, João Cândido, quiso repartir entre amigos los seis hijos de su segundo matrimonio, como había hecho antes con los del primero. Pero Chico asumió la responsabilidad de criar a sus seis hermanos menores y, hasta que todos siguieron su camino en la vida, él fue padre, hermano y madre, asumiendo grandes obligaciones y responsabilidades familiares.

En 1927, debido a la enfermedad de su hermana causada por espíritus obsesivos, él y toda la familia Xavier entraron en contacto con el Espiritismo. El muchacho, de diecisiete años, apenas podía comprender lo que le pasaba.

Ampliando sus estudios de la Doctrina Espírita, comenzó a trabajar espiritualmente y fundó, junto a su hermano José y otros amigos, el Centro Espírita Luiz Gonzaga, en Pedro Leopoldo. Desde entonces no ha parado. Se dedicó a la labor mediúmnica, poseyendo varios tipos de mediumnidad. A finales de 1931 Chico tuvo su primer contacto con el espíritu Emmanuel, quien se convirtió en su mentor y lo acompañó durante toda su vida.

En 1932 se publicó su primer libro: *Parnaso del Más Allá de la Tumba*, compuesto por poemas de varios escritores brasileños desencarnados. Chico tenía solo 21 años. A través de la psicografía, los libros fueron sucesivos. En 75 años de actividad mediúmnica recibió 412 libros, muchos de los cuales fueron traducidos a otros idiomas, como inglés, japonés, esperanto, griego y español. Chico popularizó el Espiritismo en Brasil. Pocos escritores brasileños lograron vender tanto como él: más de 30 millones de ejemplares, para los cuales no recibió recursos materiales, donándolo todo a instituciones que promueven la Doctrina Espírita y brindan asistencia a los necesitados. Para mantenerse, Chico dependía únicamente del pequeño salario de un funcionario público y más tarde de su jubilación, de la que vivió hasta el final de sus días y, a pesar de sus limitados recursos, nunca dejó de ayudar, incluso económicamente, a quienes lo buscaban. Aunque hubo luchas y dificultades en el ámbito financiero, lo necesario siempre fue abastecido gracias a la protección de los bienhechores espirituales.

A pesar de su importantísima labor con los libros, fue combinando la actividad mediúmnica con el servicio incansable a favor de los demás, el amor y el respeto por todas las criaturas que Chico Xavier escribió con su vida, el más grande de todos los libros.

En 1958 se trasladó a Uberaba, donde siguió sembrando amor, luz y consuelo allí donde iba. El extraordinario Chico Xavier trabajó incansablemente en la periferia, visitando a los menos favorecidos, a quienes llevó ayuda material y espiritual. No tenía miedo de beber agua o café en una taza pobre. Al contrario, se sentaba en las casas humildes que visitaba y hablaba afectuosamente con las familias. Nunca se distanció de la población. Nunca permitió que su trabajo mediúmnico lo alejara de los más necesitados. Dijo que si tuviera que elegir entre trabajar con espíritus o trabajar con la población menos favorecida, preferiría quedarse con la gente.

Durante años visitó la prisión de Uberaba el segundo domingo de mayo, llevando consuelo a los presos y a sus madres. Al visitar Carandiru, abre o acaricia a los prisioneros, uno por uno. Cuando salió, interrogado por un periodista, había visto espíritus obsesivos en compañía de prisioneros, respondió que no, pero que había visto a muchas madres desencarnadas llorando por sus hijos. Era un hombre de caridad.

En 1981 su nombre fue nominado al Premio Nobel de la Paz. En su nombre se crearon y mantuvieron más de dos mil obras de caridad.

Chico Xavier era mucho más que un médium. En 2000, fue elegido *Mineiro del Siglo*, compitiendo contra tres nombres ilustres de nuestra historia. Entre los políticos, los poetas y los activistas sociales, Chico era el único representante de la fe, de la religión. Y fue elegido con más de 2 millones de votos, por ser hombre nato y por los extraordinarios ejemplos de amor y desinterés que dio a lo largo de una vida dedicada a poner en práctica las preciosas lecciones del Evangelio.

El 30 de junio de 2002 falleció en Uberaba, habiendo permanecido fiel a todos los principios que guiaron su camino terrenal. Donó los derechos de autor de sus libros. Dio todo lo que tenía. Alrededor de 130.000 personas acudieron a su velorio para rendirle su último homenaje y agradecimiento.

Chico Xavier se convirtió en un importante referente espiritual para todos los que buscan comprender las verdades del divino cristianismo a través de la Doctrina Espírita, que él tanto amó y dignificó con su conducta.

Chico, un hombre en la Tierra realizando la tarea de un ángel. Su obra es incomparable y sus ejemplos inolvidables.

La información sobre Francisco Cândido Xavier fue extraída de varios libros sobre su vida y enriquecidos en una conferencia pronunciada en Santos, el 29 de julio de 2003, por Carlos A. Baccelli, compañero que convivió con Chico durante más de 25 años.

Algunos trabajos entre los muchos publicados, donde podrás encontrar más información sobre la vida del médium Francisco Cândido Xavier:

- *Bellos Casos de Chico Xavier*, Ramiro Gama, LAKE.
- *Chico Xavier El apóstol de la fe*, Carlos A. Baccelli, LEEP.
- *Chico Xavier, una vida de amor* Ubiratan Machado, IDE.

La oración

"La ORACIÓN ES UNA INVOCACIÓN A LA ACCIÓN: a través de ella establecemos una relación entre lo mental y el ser al que nos dirigimos. Puede tener como objetivo una petición, un agradecimiento o un elogio. Podemos orar por nosotros mismos o por los demás, por los vivos o por los muertos."

"El Espiritismo nos hace comprender la acción de la oración, al explicar la forma de transmisión del pensamiento..." "... La oración es recomendada por todos los espíritus. Renunciar a ella es ignorar la bondad de Dios; y rechazar para sí su ayuda; y para otros, el bien que podría hacerse."

El Evangelio según el Espiritismo, Allan Kardec, traducido por Guillon Ribeiro, capítulo XXVII, ítems 9, 10 y 12.

- *El Evangelio según el Espiritismo*, Allan Kardec, capítulo XXVII.
- *Cofre de Luz*, Francisco Cândido Xavier, por el espíritu Emmanuel, Clarín, página 23.
- *El valor de la fe*, Carlos A. Baccelli, por el espíritu Bezerra de Menezes, Didier, página 19.

Desencarnar

RETORNO DEL ESPÍRITU a la vida espiritual, vida corporal extinguida.

"...Durante la vida, el espíritu está ligado al cuerpo por su envoltura semi material o periespíritu. La muerte es solo la destrucción del cuerpo, no de esa otra envoltura, la ganancia, que se separa del cuerpo cuando cesa la vida orgánica..."

El Libro de los Espíritus, Allan Kardec, traducido por Guillon Ribeiro, pregunta 155.

• *El Libro de los Espíritus*, Allan Kardec, 2 Parte, capítulo

Periespíritu

"CINTO SEMIMATERIAL (del griego, peri, alrededor del espíritu. En los encarnados sirve de intermediario entre el espíritu y la materia; en los espíritus errantes constituye el cuerpo fluidico del espíritu."

El Libro de los Médiums, Allan Kardec, traducido por Guillan Ribeiro, Vocabulario Espirita.

• *La Génesis*, Allan Kardec, capítulo XIV, punto 7.

• *El Libro de los Espíritus*, Allan Kardec, preguntas 93 a 95 y 135.

• *El Cielo y el Infierno*, Allan Kardec, 2 Parte, punto 3.

Libre Albedrío

"EL LIBRE ALBEDRÍO es la facultad que permite al hombre construir conscientemente su propio destino, permitiéndole elegir, en su trayectoria de ascensión final, el camino que desea."

Estudiando el Evangelio, Martins Peralva, FEB, capítulo 30.

• *El Libro de los Espíritus*, Allan Kardec, preguntas 843 a 867.

Suicidio

"EXISTE, PRIMERO, la persistencia más prolongada y tenaz del vínculo que une el espíritu al cuerpo, ya que este vínculo casi siempre se encuentra en la máxima extensión de sus fuerzas en el momento de su ruptura..."

"... La afinidad que queda entre el espíritu y el cuerpo produce, en algunos suicidios, una especie de repercusión del estado del cuerpo en el espíritu, el cual, a pesar de sí mismo, siente los efectos de la descomposición, estado que también puede durar lo que debió durar la vida que fue interrumpida, este efecto no es general, pero en ningún caso el suicidio está exento de las consecuencias de su falta de coraje y, tarde o temprano, expía, de una manera u otra. por otra parte, la culpa en que incurrió."

El Libro de los Espíritus, Allan Kardec, traducido por Guillon Ribeiro, 4ª Parte, capítulo I, preguntas 952 y 957.

• *El Cielo y el Infierno*, Allan Kardec, 2 Parte, capítulo V.

• *El Consolador*, Francisco Cândido Xavier, por el espíritu Emmanuel, FEB, página 96.

Colonias Espirituales

"SÍ, HAY MUNDOS especialmente destinados a los seres errantes, mundos que pueden servirles de alojamiento temporal, tipos de habitación temporal, campos donde descansar después de un errático demasiado largo, estado siempre algo doloroso. Están, entre los otros mundos, posiciones intermedias, graduadas según la naturaleza de los espíritus que pueden tener acceso a ellos y donde disfrutan de mayor o menor bienestar."

El Libro de los Espíritus, Allan Kardec, traducido por Guillon Ribeiro, pregunta 234.

En el libro *Nuestro Hogar*, psicografiado por Francisco Cândido Xavier, encontramos una descripción detallada de una de estas Colonias, lo que da origen al nombre de la obra; allí se detalla la organización, estructura y vida en esta Colonia.

* *Nuestro Hogar*, Francisco Cândido Xavier, por el espíritu de André Luiz, FEB.

* *El Libro de los Espíritus*, Allan Kardec, preguntas 223 a 236.

Ascensión del espíritu a Mundos Superiores

"... LOS ESPÍRITUS INFERIORES no pueden soportar el brillo y la impresión de los fluidos más etéreos.

La fuerza instintiva los mantiene alejados de allí, del mismo modo que una criatura terrestre se aleja de un fuego muy ardiente o de una luz muy deslumbrante. Por eso no pueden abandonar el entorno que les corresponde en la naturaleza; para cambiar de medio, primero deben cambiar su naturaleza."

La Génesis, Allan Kardec, traducido por Guillan Ribeiro, capítulo XIV, punto 11.

* *La Génesis*, Allan Kardec, capítulo XIV, puntos 9, 10 y 11.

Ángeles Guardianes y Espíritus Protectores

"¿QUÉ DEBEMOS ENTENDER por ángel guardián o ángel de la guarda?

El espíritu protector, perteneciente a un orden superior."
"Cada ángel guardián tiene su protegido, por el cual vela, como un padre por el hijo."

El Libro de los Espíritus, Allan Kardec, traducido por Guillan Ribeiro, preguntas 490 y 495.

• *El Libro de los Espíritus*, Allan Kardec, preguntas 489 a 521.

Ley de Causa y Efecto (Acción y Reacción)

"EL HOMBRE DE HOY son sus experiencias pasadas. Todos los dolores morales y físicos están precedidos por motivos previos cuyas raíces pueden estar en compromisos espirituales negativos de esta o de vidas anteriores."

Rumbos Libertadores, Divaldo Pereira Franco, por el espíritu de Joanna De Angelis, Livraria Espírita Alvorada Nova, Capítulo 7.

• *El Evangelio según el Espiritismo*, Allan Kardec, capítulo V, ítems 4,5 y 6.

• *Acción y Reacción*, Francisco Cândido Xavier, por el espíritu de André Luiz, FEB.

Grandes Éxitos de Zibia Gasparetto

Con más de 20 millones de títulos vendidos, la autora ha contribuido para el fortalecimiento de la literatura espiritualista en el mercado editorial y para la popularización de la espiritualidad. Conozca más éxitos de la escritora.

Romances Dictados por el Espíritu Lucius

La Fuerza de la Vida

La Verdad de cada uno

La vida sabe lo que hace

Ella confió en la vida

Entre el Amor y la Guerra

Esmeralda

Espinas del Tiempo

Lazos Eternos

Nada es por Casualidad

Nadie es de Nadie

El Abogado de Dios

El Mañana a Dios pertenece

El Amor Venció

Encuentro Inesperado

Al borde del destino

El Astuto

El Morro de las Ilusiones

¿Dónde está Teresa?

Por las puertas del Corazón

Cuando la Vida escoge

Cuando llega la Hora

Cuando es necesario volver

Abriéndose para la Vida
Sin miedo de vivir
Solo el amor lo consigue
Todos Somos Inocentes
Todo tiene su precio
Todo valió la pena
Un amor de verdad
Venciendo el pasado

Otros éxitos de Andrés Luiz Ruiz y Lucius

Trilogía El Amor Jamás te Olvida
La Fuerza de la Bondad
Bajo las Manos de la Misericordia
Despidiéndose de la Tierra
Al Final de la Última Hora
Esculpiendo su Destino
Hay Flores sobre las Piedras
Los Peñascos son de Arena

Otros éxitos de Gilvanize Balbino Pereira

Linternas del Tiempo

Los Ángeles de Jade

El Horizonte de las Alondras

Cetros Partidos

Lágrimas del Sol

Salmos de Redención

El Hombre que había vivido demasiado

Libros de Eliana Machado Coelho y Schellida

Corazones sin Destino

El Brillo de la Verdad

El Derecho de Ser Feliz

El Retorno

En el Silencio de las Pasiones

Fuerza para Recomenzar

La Certeza de la Victoria

La Conquista de la Paz

Lecciones que la Vida Ofrece

Más Fuerte que Nunca

Sin Reglas para Amar

Un Diario en el Tiempo

Un Motivo para Vivir

¡Eliana Machado Coelho y Schellida, Romances que cautivan, enseñan, conmueven y pueden cambiar tu vida!

Romances de Arandi Gomes Texeira y el Conde J.W. Rochester

El Condado de Lancaster

El Poder del Amor

El Proceso

La Pulsera de Cleopatra

La Reencarnación de una Reina

Ustedes son dioses

Libros de Marcelo Cezar y Marco Aurelio

El Amor es para los Fuertes

La Última Oportunidad

Nada es como Parece

Para Siempre Conmigo

Solo Dios lo Sabe

Tú haces el Mañana

Un Soplo de Ternura

Libros de Vera Kryzhanovskaia y JW Rochester

La Venganza del Judío

La Monja de los Casamientos

La Hija del Hechicero

La Flor del Pantano

La Ira Divina

La Leyenda del Castillo de Montignoso

La Muerte del Planeta

La Noche de San Bartolomé

La Venganza del Judío

Bienaventurados los pobres de espíritu

Cobra Capela

Dolores

Trilogía del Reino de las Sombras

De los Cielos a la Tierra

Episodios de la Vida de Tiberius

Hechizo Infernal

Herculanum

En la Frontera

Naema, la Bruja

En el Castillo de Escocia (Trilogía 2)

Nueva Era

El Elixir de la larga vida

El Faraón Mernephtah

Los Legisladores

Los Magos

El Terrible Fantasma
El Paraíso sin Adán
Romance de una Reina
Luminarias Checas
Narraciones Ocultas
La Monja de los Casamientos

Libros de Elisa Masselli
Siempre existe una razón
Nada queda sin respuesta
La vida está hecha de decisiones
La Misión de cada uno
Es necesario algo más
El Pasado no importa
El Destino en sus manos
Dios estaba con él
Cuando el pasado no pasa
Apenas comenzando

Libros de Vera Lúcia Marinzeck de Carvalho
y Patricia

Violetas en la Ventana

Viviendo en el Mundo de los Espíritus

La Casa del Escritor

El Vuelo de la Gaviota

Vera Lúcia Marinzeck de Carvalho
y Antonio Carlos

Amad a los Enemigos

Esclavo Bernardino

la Roca de los Amantes

Rosa, la tercera víctima fatal

Cautivos y Libertos

Deficiente Mental

Aquellos que Aman

Cabocla

El Ateo

El Difícil camino de las drogas

En Misión de Socorro

La Casa del Acantilado

La Gruta de las Orquídeas

La Última Cena

Morí, ¿y ahora?

Las Flores de María

Nuevamente Juntos

Libros de Mônica de Castro y Leonel

A Pesar de Todo

Con el Amor no se Juega

De Frente con la Verdad

De Todo mi Ser

Deseo

El Precio de Ser Diferente

Gemelas

Giselle, La Amante del Inquisidor

Greta

Hasta que la Vida los Separe

Impulsos del Corazón

Jurema de la Selva

La Actriz

La Fuerza del Destino

Recuerdos que el Viento Trae

Secretos del Alma

Sintiendo en la Propia Piel

World Spiritist Institute

www.ingramcontent.com/pod-product-compliance
Lightning Source LLC
LaVergne TN
LVHW041806060526
838201LV00046B/1141